うれしいやないかシオノ!!

―心の世界を描く―

文・スケッチ　塩野 和夫

花書院

（目　次）

第 1 話

家族の物語

坂口恵美子の母ナヲが二人の結婚に反対した。経済的な理由である。一九五〇（昭和二五）年当時恵美子が一家の稼ぎ手であり、珠算教授による収入が坂口家を支えていた。母ナヲには塩野との結婚は坂口家の生活に破綻をもたらすと思われ、元治郎を口汚く罵った。母の反対により結婚は行き詰ってしまう。そこで、恵美子が下した決断は駆け落ちであった。着の身着のままで家を出た時、すべての事情を知っていた一人の女性富沢が励ます。彼女はがま口を開いて中に入っていた硬貨すべてを恵美子に与え、言ったのだった。

恵美子ちゃん、頑張っておいで!!

富沢の励まし　1951（昭和26）年秋頃

「富沢の励まし」の真ん中にあるのは大きく口を開かれたがまぐちや。緊張感の真ん中、感動の中心にあるのもこのがまぐち。「がまぐちを開けている手が描かれていない」ってか。絵心の分からんことを言うんやない。「恵美子ちゃん、頑張っておいで!!」と励ます富沢の心が開けているからや。

だが、すべてが順調に進んだわけではなかった。和夫の一番古い記憶、それは一九五五（昭和三〇）年から五六年にかけて泣いていた母の後ろ姿である。声を殺し、肩を震わせて母恵美子が泣いていた。揺れている肩に母は泣いていると分かった。それは三歳か四歳の幼児には世界が揺れる出来事であった。

恵美子が泣いていた場所はいつも奥の台所である。時に台所の壁に向かって、時に襖に向かって彼女は泣いていた。茫然と見つめているしかない和夫には母の身に何が起こっているのか知りようもなかった。それでも幼心に何かを深く感じていた。母の涙・世界が揺れ動く経験、それは彼の心の原風景となる。

母の涙　1955(昭和30)年

「母の涙」が揺れているって分かるか。「母が泣いている。世界が揺れている」という言葉がこの絵の心や。だから、母に対して幼児は小さく描いてある。けどな、彼の眼は母の後姿をしっかりと見据えているで。

父は母に優しかった。母の肩をたたく父を幼稚園の頃から見て育つ。そんな父を母は、「お父ちゃんは肩こりのつらさが分からへんから、あまり楽にならへんわ」とからかっていた。父は笑っていた。香里園にダイエーが開店したのは、小学校三年生の時である。近所でも「ダイエーは安い！」と評判だった。母に代わり、父の買い物が始まる。週に二日、仕事の帰りに京阪電車の香里園駅で途中下車してダイエーに寄り、両手にいっぱいの買い物をして帰って来た。その中には必ず子どものおやつがあった。

母の肩をたたく父　1961（昭和36）年頃

「母の肩をたたく父」は小学生の頃、いつも見慣れていた光景や。襖には子どもの作った穴がいくつもあった。父は優しく母の顔には安らかさが浮かんでいて、家庭の雰囲気を生み出していた。

父は同志社香里中学校への入学に先立って四九〇〇円の腕時計を買ってくれた。その頃お父ちゃんは腕時計を持っていなかった。だから、父の気持ちをずっしりと感じさせるプレゼントだった。

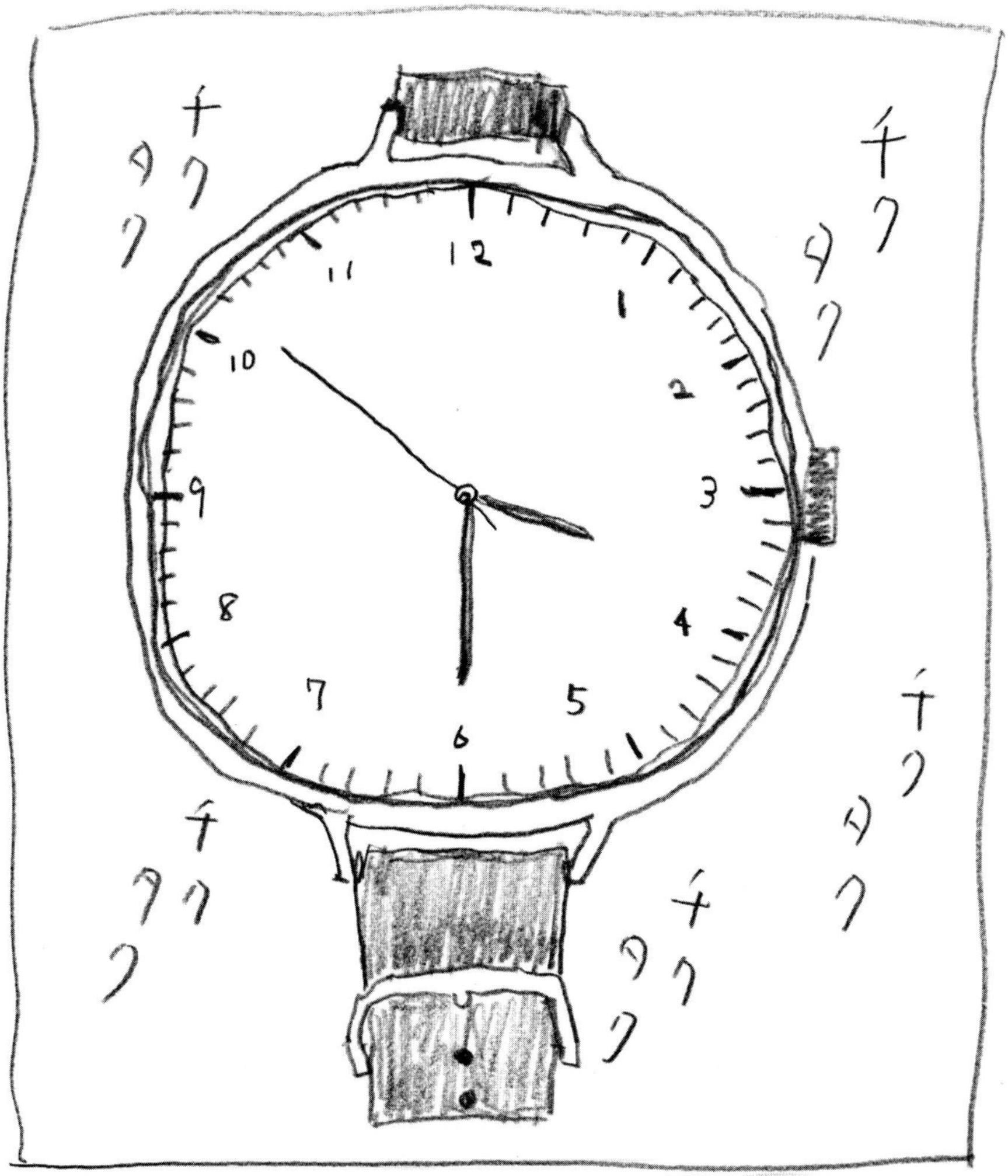

父のプレゼント　4900円の腕時計　1965（昭和40）年春

「父のプレゼント　4900円の腕時計」はお父ちゃんの期待を語っていた。「腕時計からチクタク　チクタクなんて、聞こえてこない」ってか。アホなこと、言わんといて。ずっしりと受け止めた感動がチクタク　チクタクと響かせているんや。

希望の家におけるボランティア活動や洛南教会の様子は両親に伝えていた。だから、大学四年生の秋になっても就職活動を始めない息子の進路希望について気づいていたはずである。しかし、いつまでもあいまいにしておける問題ではない。大学卒業後の希望を説明して、父母の了解を得なければならない。品田がアパートを紹介下さったので、「今がその時だ」と考え話を聞いてもらった。

和夫　分かってたと思うけれども、東九条に引越して希望の家でボランティア活動を続けながら、来年四月から神学の研究を始めたいと考えている。

父母に了解を求める　1974(昭和49)年11月

「父母に了解を求める」のテーマは親からの自立や。両親の願いを知っていたぼくは小さくなって自分の希望を伝え、「お金で迷惑かけへんから」と添えた。息子の申し出に不安を感じながらも、父と母は大きな心で受け止めてくれた。だから、お父ちゃんとお母ちゃんは堂々と描かれている。

引越しの朝が来た。「手伝います！」と申し出てくれた江田良平が、九時過ぎには軽トラックで来ていた。代金を払おうとすると、「いつもお世話になってますから、ガソリン代だけでいいです」と固辞する。机や本棚を運ぶのは父が手伝ってくれた。割れ物を新聞紙に包み、段ボールに入れる作業は母がしてくれる。積み終えて家を出発する一〇時過ぎに父母と言葉を交わした。

和夫　行ってくるな。
　　心配掛けるけど、身体には気をつけてな!!
父　元気でな!!
母　身体だけは、気をつけるねんで!!

軽トラックの助手席に座り、両親に別れを告げると車は出発した。見送ってくれる父と母の視線が背中に痛かった。

引っ越しの朝　1975(昭和50)年1月15日

「引っ越しの朝」は軽トラックで旅立つ場面を描いている。けどな、そこに希望なんてものは何もなかった。あったのは不安ばっかりや。だから、親子が掛け合ったのもすべて互いの健康を気遣う言葉やった。

塩野まりは豊中教会教会学校のナースリーとオルガニスト奉仕に加えて、同志社大学で大林浩先生と樋口和彦先生の講義聴講を始めていた。その上、実家の母からは手伝いを求められる。パーキンソン病を患って一〇年になる父の体が不自由になり、昼も夜も世話を必要としたからである。そこで週の半ばは枚方にいて、半ばは豊中へ出かけ、それぞれの母を助けた。それでも大学における聴講と教会の奉仕を続けていたが、次第にオルガン演奏に魅かれていく。塩野まりが豊中教会で練習したのはいつも夕方で、礼拝堂には誰もいなかった。一二月に入りクリスマス曲を練習していた時も、「タ、ター、タ、ター、タ、タ、タ、タ、ター、……」とオルガンの音だけが会堂に響き渡っている。クリスマスの豊かさに満たされるひと時だった。

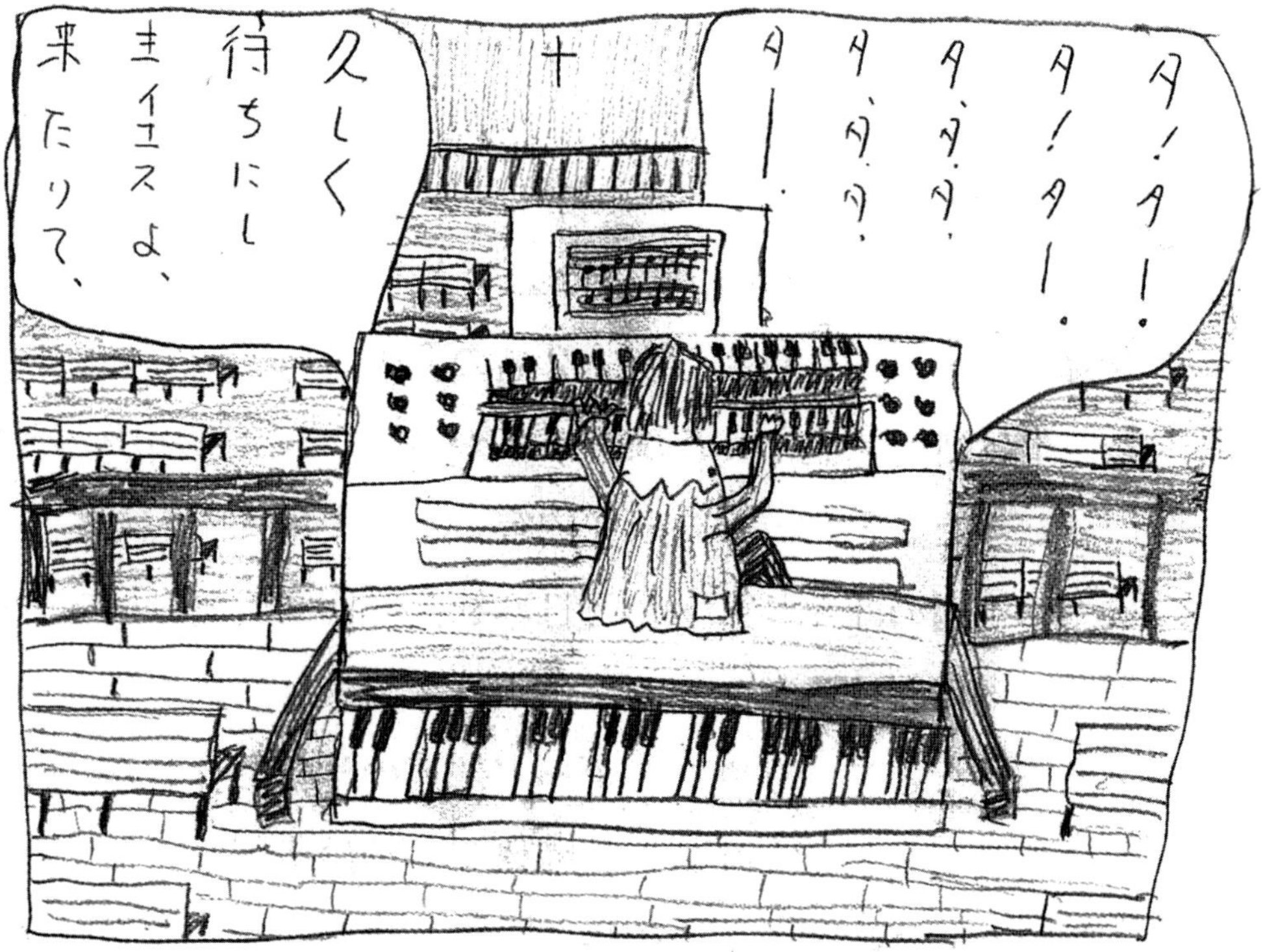

暗闇の礼拝堂に響くオルガンの演奏　1989(平成元)年12月

「暗闇の礼拝堂に響くオルガンの演奏」に表現されているのは豊かな時や。忙しくなっていく中で塩野まりはオルガンに打ち込んでいった。こうして誰もいない礼拝堂にオルガンの音だけが響き渡ることになる。充実した時間やった。

母　「出血の原因は手術をしてみないと分からない」そうや。けれども、
「体力がないからすぐに手術はできひん」。
和夫　どうしたらいいのかな。
母　入院して体力をつけ、それから手術をするそうや。

夕方に治療の仕事を終えた父は書類の整理をした。それからタクシーを呼び、母に続いて乗り込もうとしたその瞬間である。私の方を振り返り、父は言葉をかみしめるようにして力強く言った。

和夫は何も心配することはない！
今はしっかり勉強することや!!

入院する父　1991(平成3)年3月

「入院する父」の真ん中に置かれているのが、「和夫は何も心配することはない!」という言葉や。あの時、お父ちゃんはすでに胃がんを患っていた。それだけに父のアドバイスはずっしりとぼくの心身に響き続けた。

有澤病院から自宅まで徒歩で一〇分程かかる。病院のある中宮東之町のはずれにかつて養鶏場があった。お使いに行くと、新聞紙に卵を一〇個ずつ包んでくれる。ていねいな仕草を見ているのが好きだった。ところが、周辺に住宅が建ち始めると少しずつ縮小し、建物を残して鶏はいなくなった。ちょうど養鶏場跡を通り、都丘町に入ろうとしていた時である。突然、母が話しかけてきた。

母　なあ、和夫。今日な、変なことがあった。

病院からの帰り道に、母から聞いた話　1992(平成4)年3月

「病院からの帰り道に、母から聞いた話」は4コマでお父ちゃんとお母ちゃんの愛の物語を描いている。ぼくが「好きが一番!」と感動した話や。

塩野元治郎の洗礼式は、病院の了解を得て家族全員が揃う三月四日の夜に行う。この日も一日中昏睡状態が続いていて、父は苦しそうだった。目は閉じたままなので、聞こえているのかいないのか、誰にも分からなかった。もしものことが起こってはいけないので、洗礼式は「序詞・聖書・勧告・誓約」を省き、まず全員で讃美歌一九九番「わが君イエスよ」を斉唱した。それから少し大きな声で父に向って「塩野元治郎」と呼びかけ、「父と子と聖霊とのみ名によってバプテスマを授ける。アーメン！」と唱え、父の額に三度水を滴らせた。厳粛な一瞬に深く垂れていた顔を上げると、母を初め家族みんなが驚きの声をあげた。

母　お父ちゃん、涙を流してる！

弟　お父ちゃん、分かってるんや！

妹　お父ちゃん、うれしいんやろな！

病床洗礼を受ける塩野元治郎　1992（平成4）年3月

「病床洗礼を受ける塩野元治郎」の真ん中に父が大きく描かれている。みんなお父ちゃんの涙に心を動かされていたからや。その感動がスケッチに緊張感と一体感を与えている。

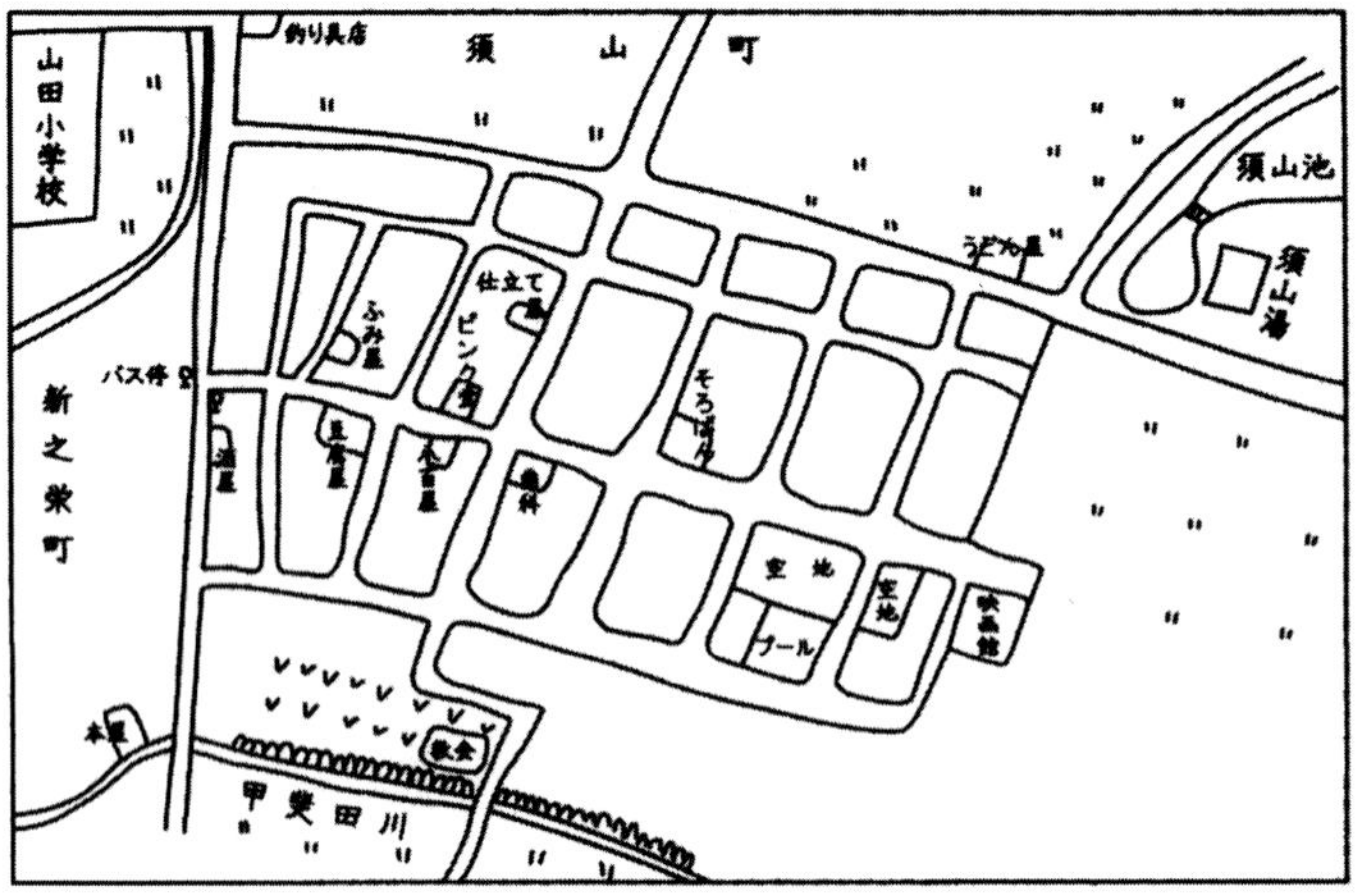

1960 年当時の都丘町

第２話

仲間、いろいろ

二学期になって、欠席の目立つ生徒が出た。新庄である。上山久仁子先生は彼女の欠席について言われた。「新庄さんの欠席が続いています。それで先生が家庭を訪問して、学校に来るように言わなければなりません。けれどもその前に三年二組のみんなが行って、学校に来るように誘って下さい」。その日の放課後、生徒は連れ立って田口と出屋敷の間にある家を訪ねた。田んぼが広がる中にぽつんと立っている一軒屋で、広い敷地だった。なんでも新庄の家は庄屋だったが、戦後に財産を失う。その上両親がおられず、「彼女はお祖父さんとお祖母さんに育てられている」と聞いた。十名ほどが玄関の前に並び、「新庄さ～ん!!」と呼んだ。しばらくすると不思議そうな顔をした新庄が出てきた。彼女はやはり病気ではなかった。それから家の中や庭で遊ぶ。翌日の三年二組には新庄の姿が戻っていた。

「新庄さ〜ん!!」と呼ぶ　1961（昭和36）年春

『「新庄さ〜ん!!」と呼ぶ』のはみんな同級生や。呼びかける声はハーモニーとなって響いていた。大きな家の手前左側に可憐な花がある。仲間の思いが咲かせた花や。

一年後に同じ固い表情を見て、謎が解けた。小学校一年生の時に越してきた和田が、「また、引っ越しをすることになった」と知らせに来たのは五年生になる春だった。大柄な彼はがき大将だった。その和田が玄関先で挨拶を終えると、「わぁ!」と泣き出した。精一杯堪えていた涙を堪え切れなくなって泣いている。周辺を気にしないであんなに泣く友達を初めて見た。別れがとてもつらくなる。涙を堪えていた時の和田は、一年前のKと同じ「固い表情」をしていた。

和田の涙　1963（昭和38）年春

「和田の涙」にはびっくりしたで。心臓がドキドキした。和田の涙に心打たれて、下駄も靴も戸も玄関先のすべてが沈み込んでいる。

大運動会に備えて六年生が百メートル走の練習をしていた時である。六人一組になって百メートルのコースを夢中に走り一着でテープを切った。その瞬間、目に入ってきたのは遅れて走っていたＡである。大柄なＡが懸命に走っている。それでも最後である。彼は小児麻痺で片手が効かない。だから加速できない。片手をぶらぶらさせながら懸命に走っている、そんなＡを見た時、一着の喜びは吹き飛んだ。

運動会で走るA　1964(昭和39)年10月

「運動会で走るA」から聞こえてくるやろ。Aへの声援や。みんなに応援されて、不自由な体のAは一生懸命に走っていた。

柔道の大阪府大会個人戦で三位になった。チャペルにおける表彰式を終えて二年一組の教室に帰ると、大騒ぎである。クラスメイトが次々とやって来て、「塩野、やったな！」、「おめでとう！」、「塩野は同志社の三四郎や！」とお祝いしてくれた。久保光宏からは「お祝に鉄の下駄を作ってもらおうと思うが、受け取ってくれるか⁉」と申し出がある。「ありがとう。喜んでもらうよ」と答えると、一週間ほどして、鉄下駄をプレゼントしてくれた。久保の家は大阪で鉄工所をしていた。

その日の夜、都丘町を鉄下駄で歩いてみた。数歩だと何ともないが、続けているとかなりの負担がかかる。足腰を鍛えるのにはいいが、問題は音である。アスファルトの道に高い音でガチャン‼ガチャーン‼と強く響いた。まして夜である。一週間ほど歩いてみて、近所迷惑を考え止めざるをえなかった。

鉄の下駄　1966(昭和41)年6月

「鉄の下駄」は久保光宏からのプレゼントや。だから、夜になると静かな街へ出かけた。ところが、鉄下駄の足音が「ガチャン!!ガチャン!!」と響きわたる。顔も体もひきつっているやろ。

九月上旬に一組の若い男女を追い越してから一か月ほど経った日曜日である。同じ場所をあの二人が歩いている。急ぎ足で追い越そうとすると、そのうちの一人が私の方に顔を向けて言った。

K　おい、シオノ！　俺や、Ｋや!!
塩野　ええ、Ｋか？　久しぶりやなあ。
K　シオノ！　俺の家はすぐそこや。寄って行かへんか？　病院に行ってからの話、聞いてもらおうと思う。
塩野　分かった。寄らせてもらう。

「おい、シオノ！」と呼ばれる　1971（昭和46）年10月

「『おい、シオノ！』と呼ばれる」に緊張感を与えているのは意外性や。病気で様変わりしていた友人は誰か分からへんかった。だから、なぜ呼びかけられたのか理解できないぼくは体をのけぞらせている。

そんなKが小石の混じった広場で突然話しかけてきた。

K　塩野、ここで相撲を取ろう。
塩野　けど、ここは小石がいっぱいあって、危なくないか？
K　かまへん、相撲を取ろう！
塩野　よし、やるか！
K　やろう！やろう！

広場に円を描いて土俵を作り、中にあった石は外に出した。相撲をしてみると、療養生活を続けていた体はぶよぶよだった。けれども、押し出されても押し出されても果敢に挑んでくる。それは長い冬に閉じ込められていた大自然の生命が、春に向かって活動を活発にしている様にも似ていた。相撲を取りながら、「Kにも春の到来が近い」と感じ心を動かされた。

Kと相撲を取る　神峰山寺にて　1972(昭和47)年3月

「Kと相撲を取る　神峰山寺にて」の主題は生命力や。彼の体(向かって左)はぶよぶよになっていた。けどな、相撲を取るKからは体と心を引き締めていこうとする気持ちがあふれ出ていた。だから、彼の生命力がスケッチ全体を生きいきとしている。

二年生の後期に入り、島一郎ゼミナールが始まった。ゼミ生は男ばかり二七名で、それぞれに持ち味を備えていた。経済学部の学生が広範な地域から集まっていることは何となく感じていた。それをはっきりと認識させられたのが島ゼミである。出身高校を府県別にして二七名のゼミ生を分類すると、次の通りになる。

石川県　東正仁・大西寿郎・末友清隆
滋賀県　岡崎直明・大西冬樹
京都府　家長隆・村田辰男・四方久幸・寺内弘
兵庫県　本庄秀雄・安福英則
愛知県　太田敦之
奈良県　今西秀次・高田三喜雄
大阪府　石井義久・長岡豊・中島宏・大西雄三・塩野和夫・矢野満・片山隆夫
和歌山県　中嶋慎治
広島県　佐々木博司
大分県　林清史郎
福岡県　大倉祐美
熊本県　太田勝・高森毅

島一郎ゼミ　1972(昭和47)年10月

「島一郎ゼミ」では27名の学生が神妙に座っている。最初の演習で、全員男子やった。静まり返った教室には、「実践と研究やな!!」という島先生の言葉が響いている。それは研究に対する先生の基本的な立場やった。

ゼミでは島一郎先生の呼びかけに応えてコンパが開かれる。幹事の仕事とは要するに毎回のコンパ会場の準備であった。一次会を終えると、島先生から「吉田山へ登ろう！」と号令がかかる。京都の夜風に吹かれながら歩き、山頂でひと騒ぎした。すると最終電車に間に合わなくなる。その時、「俺の下宿で良かったら、泊っていかないか」と誘ってくれたのが東正仁である。夜明けまで話し込んだ。「ドストエフスキーの『罪と罰』に登場するラスコーリニコフを塩野はどのように考える？」とか、「俺の悩みをどう思うか？」と尋ねられた。真剣な問いかけに東の本音を聞かされている気がした。それはゼミで見かけるちょっと澄ました彼からは想像できない表情と声だった。

島一郎ゼミで吉田山に登る　1972～74(昭和47～49)年

「島一郎ゼミで吉田山に登る」はゼミコンパを描いている。一次会を終えると、島一郎先生を先頭にして吉田山に登った。散会後、ぼくは東正仁の下宿で人生を語り合ったもんや。青春の一場面やな。

なぜか使い古された列車がその時の気持ちにぴったりときたので乗車する。「天橋立」行きだった。車内で天橋立まで切符を求める。車窓から過ぎゆく風景をぼんやりと眺めていた。心の痛手の深さは知りようもない。終着駅に着くと、まっすぐ天橋立へ向かった。夕暮れ時となり、辺りは暗くなっていく。それでも一時間も二時間も風景だけを眺め続けていた。すっかり暗くなったので、近くにあった民宿に宿泊する。一泊二食付きで二千円だった。部屋に入ると、天橋立で心によぎっていた思いをノートに書きとめた。

天橋立にて　1972(昭和47)年10月

「天橋立にて」は海に向かって座り続けているぼくを描いている。傷ついた青年に波も風も松の木もみんな優しかった。包み込む優しさがスケッチに満ちているやろ。

準備が整い昼を過ぎると、よるだん会メンバーと中高生、それに青年会と婦人会の有志が集まった。安原富美は割烹着に着替え、もち米の蒸し方・餅つきの受け方・餅の丸め方を指導していた。もち米が蒸しあがると、見本として塩野がつき手、安原がこね手となった。もち米を入念に捏ねると、餅つきである。

塩野　よいしょ！
安原　もひとつ！
塩野　よいしょ！
安原　まだまだ！

みんな興味津々で見ている。つき上がると、つきたての餅はきなこや大根おろしと混ぜて振舞われた。おいしかった。二回目からは希望者がつき手となりこね手となって、笑いの渦巻くなかで餅つきは進んでいった。みんな大満足だった。

香里教会の餅つき大会　1973(昭和48)年12月

「香里教会の餅つき大会」に真ん中はない。参加した一人ひとりを描き出しているからや。左側後方に小さく企画者の大原健一先生が描かれている。「うまくいっているみたいだ」という先生の言葉が餅つき大会の雰囲気を語っている。

指示を終え前を見るとTはすぐそこにいて、抱きついてきた。泳げなくなった私はTと共にぶくぶくと沈み込んでいく。後で分かったことだが、Tを助けるためボートが岸から向かっていた。沈んだ時にボートはすぐ後ろまで来ていて、二人はボートへと引き上げられる。湖岸に着きバスの座席に座りこむと、どっと疲れが出てきて深い眠りについた。しかし、それは安らかな眠りではなかった。夢の中にまで波が襲ってきて、体と心を不気味な世界へと引きずり込んでいったからである。半ば夢だと分かっていても、沈み込んでいく魂は何かを探さずにはおれなかった。

湖に沈む　近江舞子水泳場にて　1974(昭和49)年8月

「湖に沈む　近江舞子水泳場にて」の舞台は暗闇の世界へとつながっていた。だから、夢の中にまで襲ってきた波に飲み込まれてしまう。魂を覆いつくした不安から何かを探し求めずにおれなかったわけや。

九月に入ったばかりの日曜日午後だった。ギターを抱えた瀬野勇が京都から見舞いに駆けつけてきた。私が病状について説明した後に、ギターの伴奏に合わせて「海はいいな」を歌ってくれた。彼が東海大学海洋学部在学中に作った曲である。次に「夏になったら」を歌ってくれる。三曲目に入る前に「これは塩野君のために作った曲です」と紹介し、歌詞を説明してくれた。それによると、「一節と二節は元気で活躍していた当時を、三節は病の床にある塩野君への祈りを歌っている」。そして、スローテンポで「我が友に」を歌ってくれた。

瀬野勇のお見舞い　1975（昭和50）年9月

「瀬野勇のお見舞い」全面に「我が友に」3節の歌詞が響き渡っている。「これは塩野君のために作った曲です」なんて言われてびっくり仰天や。ぼくは体を小さくして瀬野の歌声に聞き入っていた。

寝屋川十字の園の建設工事は一九七六年春には急ピッチで進んでいた。その頃に立ちあげられたのが「寝屋川十字の園にお花のプレゼントをしましょう!!」と呼びかけたグループである。リードしたのは三〇歳代の男性会員斉藤だった。礼拝後、彼は趣旨を説明した。

寝屋川十字の園の建設工事が急ピッチで進んでいます。しかし、新築の建物はそれだけでは落ちつかないものです。そこで、花壇を作りお花を植えてみてはどうでしょうか。

寝屋川十字の園にお花のプレゼントを　1976(昭和51)年

「寝屋川十字の園にお花のプレゼントを」呼びかけられた場所は香里教会の礼拝堂や。けどな、大きく描かれているのは呼びかけ人と会衆に共有されていたイメージや。イメージの中で花に囲まれている入居予定者の皆さんは若々しい。

一〇月のある日、よるだん会有志で昼食の手伝いに出かける。スチール製のお盆に名前を書いたカードと食事がセットされていた。女子青年が率先して担当する方の所へ行き、手際良くスプーンで口まで運んでいる。遅れまいと受け持ったおばあさんの所へ行くと、ベッドに腰掛けて待っておられた。挨拶もそこそこに、指示されたようにスプーンに少しの食事をのせて口元へ運ぶ。「あーと口を開けて下さい!!」とお願いすると、「あー！あー！」と口を開いて下さる。ところが、なかなかうまくいかない。なんとか、ご飯とおかず、それにお茶を交互に差しあげて食事していただき、三〇分程で終えることができた。

あーと口を開けて下さい!!(寝屋川十字の園)　1976(昭和51)年10月

「あーと口を開けて下さい!!」は初めて昼食補助をした苦い経験を描いている。作業に困惑するぼくはいらいらした顔をしている。それに対して入居者のおばあさんは余裕のある表情をしたはる。対照的な二人を扱いながら、スケッチは温かく見守っている。

吉田教会から中野敬一夏期伝道師と帰ってくると、猫は駐車場で待っていた。「待っていたんだね、よし!よし!」と語りかけると、「ニャー、ニャー、ニャー」と声を張り上げている。吉田町に犬猫病院があったので、中野神学生に連れて行ってもらう。その間に餌と器を買っておいた。診てもらったところ、眼や後ろ足の付け根に傷があって処置してもらう。獣医師によると、推定年齢七歳だった。その猫に「ポー」と名前を付ける。痩せて傷まみれのポーはそれでも純粋な心を失わず、風格を感じさせていた。どれだけ慰められたかしれない。

ポー(猫、推定7歳)との出会い　1987(昭和62)年8月

「ポーとの出会い」は猫と人間との心の交流を描いている。「どういうことや」ってか。駐車場で待っていた猫に「待っていたんだね、よし!よし!」と呼びかけた。すると猫はぼくを見つめながら「ニャー、ニャー、ニャー」と応えたんや。いくら鈍感なぼくでもその声に猫の気持ちを感じた。

とりあえずの住居に落ち着いた時、緊張していたトラとタマはボックスから出てこない。それで猫を置いたまま母屋で団欒のひと時を楽しみ、部屋に戻って驚いた。留守にした一時間足らずの間に襖障子すべてが破られていたのである。トラとタマの仕業に違いない。やむをえず障子紙の残骸を取り去り、散らかされていた紙きれも掃除した。

昼寝をするトラとタマ　1989(平成元)年当時

「昼寝をするトラとタマ」は猫の平和を描いている。「襖障子を破られる」、「畳に爪を立てられる」、「逃走される」と猫に振り回されていた。ところが、そんな人間の思いとは別に寝そべっているトラとタマには平安があった。

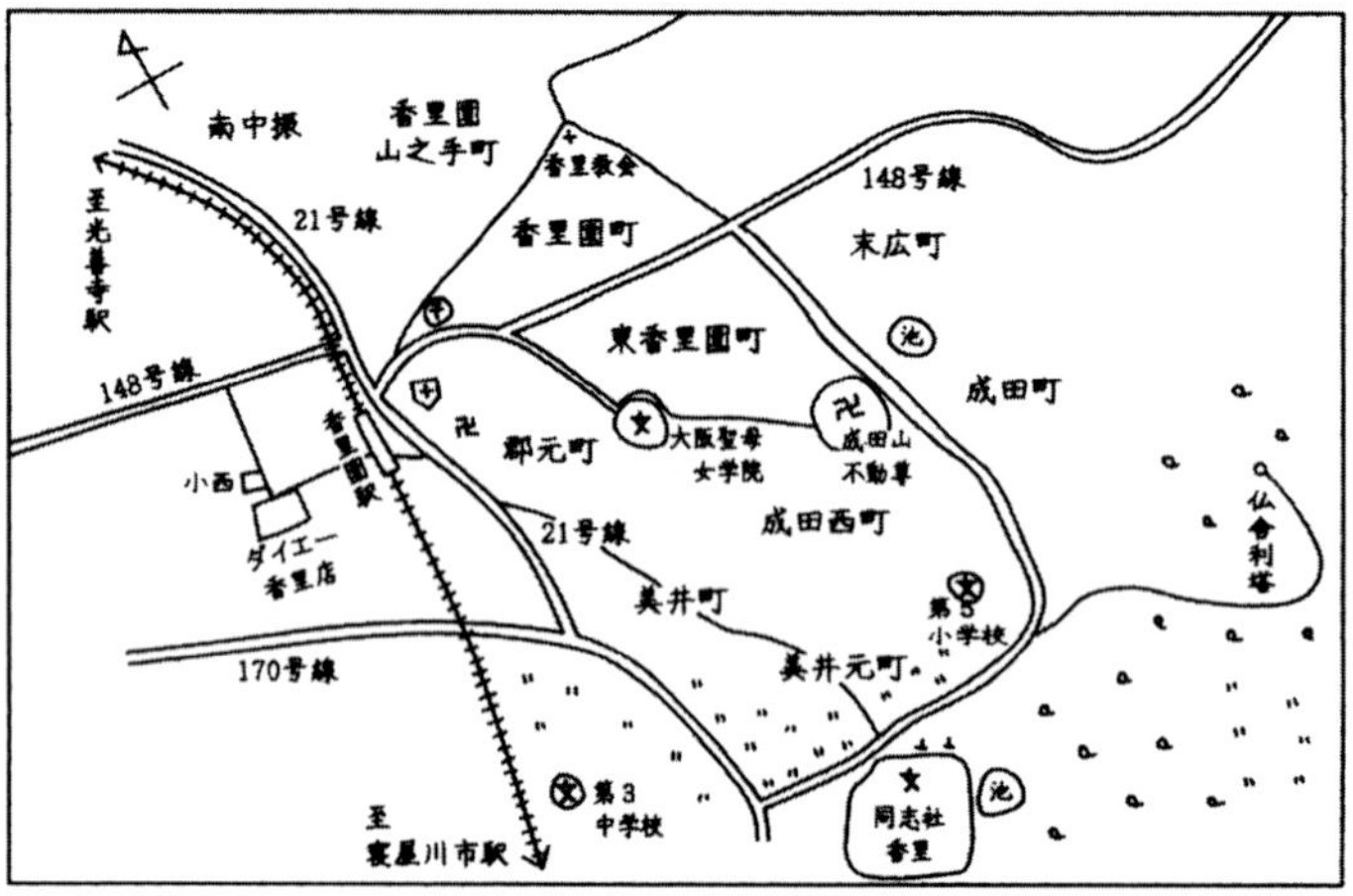

1965（昭和 40）年当時の
京阪電車香里園駅周辺図

第 3 話

垣間見た人生

わてはな、農家の生まれや。けど、小さい時から足に障害があったから農業はできひん。そやから、物心ついた頃には牛小屋で育てられていた。尋常小学校を終わると、京都へ染色の仕事を習いに行かされた。その頃、戦争で男手が無いものやから、京阪電車で踏み切りの仕事をさせてもらえた。ありがたいこっちゃ。

銭湯に行く松尾　1959(昭和34)年頃

「銭湯に行く松尾」は足に障害を抱えていた。洗面器を抱えられなかったから、手にも障害があったのかもしれへん。そんなおっちゃんが銭湯に行く時に下げていた円柱型の道具があって、鉛色に鈍く輝いていた。松尾のおっちゃんの人生を思わせる輝きや。

おばちゃんの悲しかったこと、
病気のお父さんのために
小さな息子に毎夕
一合のお酒を買いに行かせたこと。
一升買うお金はなかった。
それに、病気のお父さんの楽しみは
お酒だった。

おいしいたこ焼きの秘密。
それはだしにカレー粉を少し入れて味をひきしめること
手をそえて、一つ一つ心をこめて焼くこと、
それに、たこ焼きを楽しみに買って下さるお客さんの顔を
思いうかべながら焼くこと。

三人の子供を残して、お父さんは亡くなった。
こんな生活をしてきたけれど、
おれも神さまを信じていたんだ。
お父さんの言葉に
うんうんとうなずきながら送ったという。
おばちゃんからお父さんへの不平を聞くことは
一言もなかった。

おいしいたこ焼きの秘密　1964(昭和39)年頃

「おいしいたこ焼きの秘密」の真ん中におばちゃんの後姿が描かれている。おばちゃんはな、いっぱいの悲しみを負いながら立っていた。だからこそ、心を込めて一個一個のたこ焼きを焼いていた。おいしいたこ焼きの秘密、それはな、おばちゃんの真心なんや。

翌日、二条大橋の下で寝ていたおっちゃんの枕元にパンを置く時、「おっちゃん、ここへ置いておきますよ！」と声をかけた。すると、思いがけないことが起こる。待っていたかのように起き上がったおっちゃんは正座をして深く頭を下げ、こう言われた。

いつもありがとうございます！お世話になります！

「いつもありがとうございます！お世話になります！」この言葉が私を悩みから解放した。

私を救った言葉　1971(昭和46)年

「私を救った言葉」は安心の世界を描いている。「ここへ置いておきますよ!」と声をかけたら、「いつもありがとうございます!」と返ってきた。おっちゃんとの心の交流が安心の世界を生み出していた。

翌日スキーの板と靴を預かってもらい、三日間で能登半島を一周する旅に出た。スケジュールでは田鶴浜から半島の東側を海岸沿いに歩き、途中で半島を横切ると西側を輪島まで行く。約百キロを三日間で歩きながら、家族の問題を考えていた。

家族って、一体何だろう。いつもは何の問題もないかのように振舞っている。しかし、事が起こる。そうすると、望んでもいないのに引き裂かれてしまう。

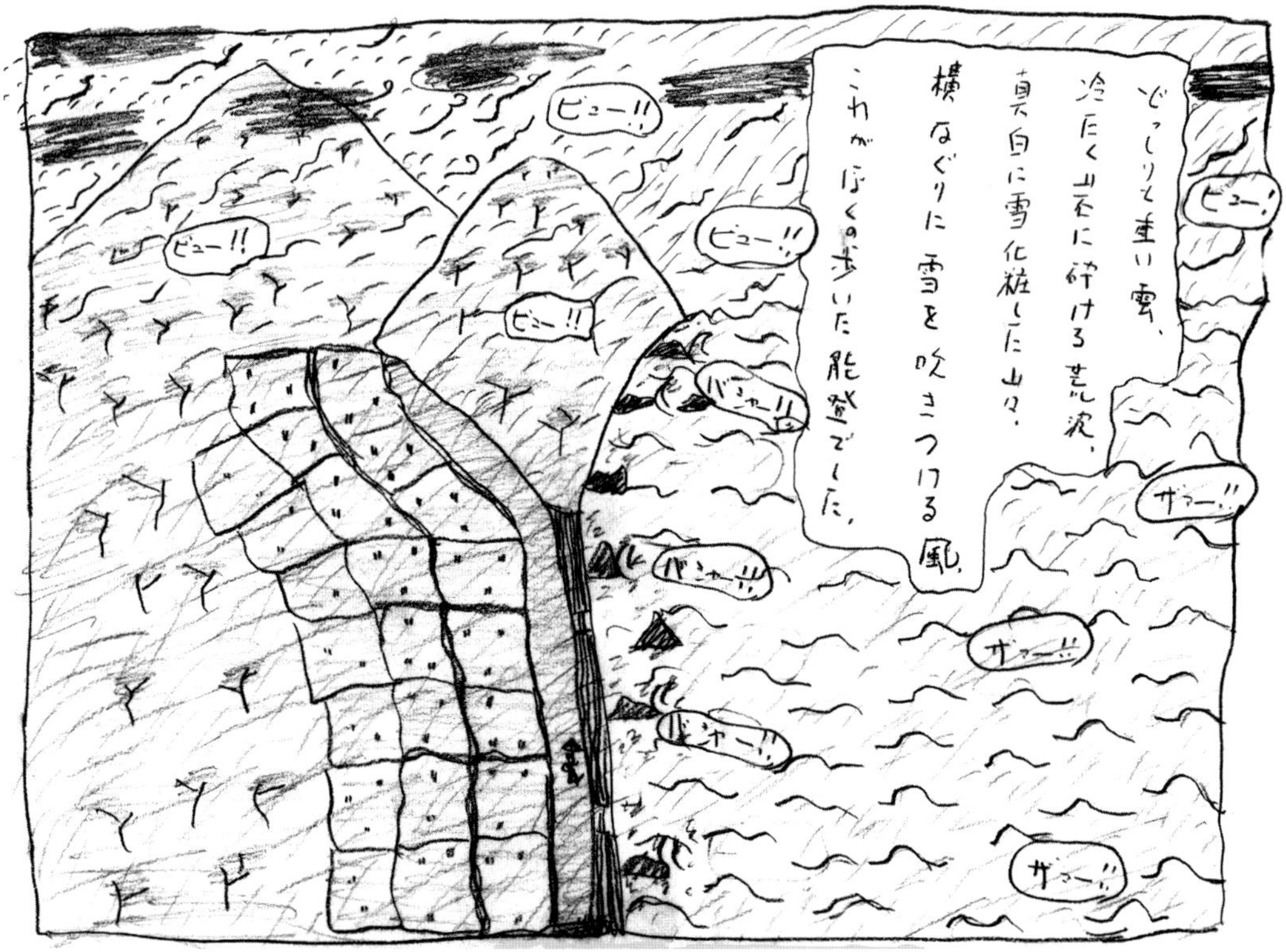

僕の歩いた能登　1972(昭和47)年2月

「僕の歩いた能登」で海岸沿いを歩く青年が分かるか。傘をさしたぼくが後ろ向きに小さく描かれている。「なんで、こんなに小さいんや」ってか。自然の厳しい気候と人間の難しい問題が覆いかぶさっていたからや。それでも前を向いて歩いていたで。

その頃には週に一度か二度、鴨川に沿った狭い川縁の道を一緒に歩くようになっていた。何枚もの服を重ね着していたおっちゃんはすり足気味に歩く。挨拶以外に交わす言葉のない大学生はつかず離れずに歩き、丸太町大橋をくぐり荒神橋の近くに来る。するとおっちゃんは川縁の道から土手の方に向き直り、お地蔵さんの前へ進んでいく。それから、しばらくお地蔵さんの前で手を合わせ頭を下げ祈っていた。それは予想もしない光景だった。そもそもお地蔵さんの存在に気付いていなかった。しかし、二回三回と重ねるうちにおっちゃんの内面、誰にも話さない彼の心に触れているように思えて心を動かされた。

お地蔵さんに手を合わせるおっちゃん　1972（昭和47）年

「お地蔵さんに手を合わせるおっちゃん」には神聖な空気が漂っている。その真ん中に手を合わせ頭を下げ祈っているおっちゃんがいる。感動しながら、ぼくはその場から離れて行った。

以前から気付いていたが、祈り終わるとおっちゃんはお地蔵さんの前を物色する。そしてお饅頭やおむすびの供え物があると、周辺を見渡してからそれに手を出した。採集経済である。それから市内の何か所かへ食物を拾いに歩き回るのだろう。その日も良いお供えがあったらしい。彼が伸ばした手に何かを持った瞬間である。「コラ!!泥棒!!!」と叫ぶ声が上流から聞こえてきた。見ると、竹ぼうきを振り上げた四、五人のおばちゃんがにらんでいる。河原の掃除をしている人たちだ。驚きあわてたおっちゃんは下流の方へと川縁の道を走り始めた。なぜか私も彼と並んで走り始めた。

おっちゃん、走る！逃げる!!　1972(昭和47)年

「おっちゃん、走る！逃げる!!」は「ハァー、ハァー、ハァー」と息を切らして走るおっちゃんを描き出している。後ろには竹ぼうきを振り上げて、「コラ!!泥棒!!!」と叫ぶおばちゃんたちがいた。「こんな生活も楽しいもんや」と話していたおっちゃんの姿はそこにはない。

六月に入って間もない月曜日だった。その朝は細かい雨が降っていたので、傘をさして歩く。御池大橋まで来て鞄から取り出したパンを片手に持った。ところが二条大橋に近づくと、何かが違う。雨でよく分からない。しかし、何かがおかしい。橋の下まで来た時には立ちすくんでしまった。おっちゃんがいない。生活道具も見当たらない。おっちゃんが生活していた辺り一面には、鉄条網を張り巡らしてある。橋に向かって左側前方に小さな看板があり、このように書いてあった。「河川敷は居住地域ではありません。京都市はこの橋の下を管理しています。ここに勝手に住むことは許されません」。

立ちすくむ　1973(昭和48)年6月

「立ちすくむ」には無機質な空間だけが広がっている。「なんでや」ってか。おっちゃんが追い出されたからや。だから、「そんなアホな……。おっちゃん、どこへ行ったんや!?」というつぶやきだけが空しく響いていた。

おっちゃんは大きな川の土手を堂々と歩いていた。ある時に川は木津川や桂川と合流する辺りの宇治川みたいだった。水量が豊富なうえに、一面の田んぼで稲は緑豊かに育っている。蛙の声も聞こえてくる。ある時は枚方公園の西を流れる淀川みたいだった。河川敷に整備された歩道があって、楽しそうに人々は行き交っている。はずむ声も聞こえてくる。

土手の上を行くおっちゃんは、時には私に向かって歩いて来た。穏やかな表情だった。後ろ姿からおっちゃんと分かる場合にも余裕が感じられた。幻を通して、「何かを伝えようとしている」と思われた。それは何なのか。

おっちゃん、土手の上の道を行く　1973(昭和48)年9月

「おっちゃん、土手の上の道を行く」は幻の中で現れ続けたおっちゃんを描いている。両手に荷物を下げて歩くおっちゃんと周辺の風景がピッタリとしている。命を通わせているからや。

そんなある日のこと、いつものように高瀬川沿いの道を帰っていた。足早にシスターは歩かれるので、少し後方を行く。高瀬川に架けられた小さな橋の横を通り過ぎようとした時である。何かが気になったので川の向こうを凝視した。すると、高瀬川の向こうに立つ家の影からシスターを見つめる女性がいた。彼女はシスターに向かい両手を合わせ、頭を下げている。一心に祈っていたのだ。女性が視界に入った時、それは言葉にならない感動的な一瞬となる。

シスターに手を合わせる女性　1973(昭和48)年秋

「シスターに手を合わせる女性」は感動的な一瞬を捉えている。物陰からシスターに手を合わせている女の人がいた。その人を見た時、感動したで。無心に奉仕するシスターと心から感謝する女性、心と心が響き合う世界やった。

「笑ったらあかん」て　言われても、
わたし　出っ歯ですから、
しぜんと　笑ってるように　見えますわ。
ワハハ、ワハハ……。

会場では袖岡こうのような言葉が次々と飛び出してくる。実に自由なのである。ところが、誰かがお抹茶をいただいている間は静寂さで引き締まっていた。回を重ねるうちに、お茶の時間に見られる静寂さと自由、「これは一体何なのか」という問いが膨らんでいった。

お茶の時間　1979(昭和54)年5月

「お茶の時間」は不思議な絵や。一方で袖岡こうの「笑ったあかんて言われても」という言葉に表情を緩めている参加者がいる。他方、真剣にお茶を入れている指導者外村澄子がいた。これだけ態度の違う人たちが共存している場所、それがお茶の時間やった。

板倉きく先生は茶道の精神性を伝えようとされていた。一服のお茶を介した亭主と客人の一期一会の語らいに始まり、お花やお茶碗をめぐっても豊かな会話が交わされた。

教室が終わる八時半の少し前になる。すると板倉宗悦先生が姿を見せられた。ご指名により一人残される。それから宗悦先生と二人だけで過ごす時間が三〇分から一時間、一時間半と伸びていく。若い日に日本一の絵描きを目指した先生は、東京で安田靫彦に師事された。けれども、先の大戦で道は閉ざされる。生活のため故郷の滋賀県に帰り、膳所高校で書道の教員を一五年間務められた。そんなある日、偶然京都で見た禅画からインスピレーションを与えられる。それが感動を筆に託して一気に表現する絵画であり、先生に開かれていた可能性であった。これを契機として再び画き始められた絵を一点二点と拝見し、議論を重ねる。先生が深い思いを込めて語られたのが「美しさ」であり、「生命力」であり、「感動」であった。

茶道教室で　1979(昭和54)年9月

「茶道教室で」は引き締まった時を描いている。その真ん中に「感動を一気に絵に画いた」板倉宗悦先生の作品がある。美しさを論じ合った時間はあっという間に過ぎ去っていく。気が付けば、終電車の時間になっていた。

沼尾瑞江の案内で訪問活動を終え、沼尾宅でお茶をいただいていた時である。彼女が話し始めた。

沼尾　なぜ、私たちが大津教会へ通うようになったか、先生はご存知ですか。

塩野　知りません。

沼尾　それはね、……教会学校のキャンプに行った琵琶湖で、私たちの息子が溺れて死んだからなんです。

塩野　そんなことがあったのですか。

沼尾　その時の牧師は中村利雄先生で、先生は何度もお詫びにきて下さいました。

塩野　お詫びするしかなかったんだと思います。

沼尾　そうしましたら、主人が中村先生の態度に誠意を感じたんです。それで私どもは大津教会へ通うようになりました。

塩野　不思議な話ですね。

沼尾　これは誰にも言ったことのない話なんですけれども、……。息子が溺れた湖岸へ私は行きました。そして誰もいない湖を見つめて、何度も息子の名前を呼びました。何も返ってはきません。……代われるものなら、代わってやりたかった……。

塩野　……。

深い悲しみ　1980(昭和55)年11月

「深い悲しみ」は遠い昔の沼尾瑞江を小さく描いている。けどな、あの日の悲しみは今お茶をいただいている瞬間にも彼女から離れることはなかった。ぼくの心にもずっしりと響いたで。

一〇月になると日の暮れが早くなる。その日も夜七時を回り暗くなっていた。すると「ドン！ドン！ドン！」と教会の玄関を叩く人がいる。慌てて出てみると、三〇歳代半ばと思われる男が立っていた。ゲートの向こうには小学校低学年の女の子が泣きながら、「お父さん、帰ろうよ」と呼びかけている。閉められたゲートを飛び越えて、懸命に玄関の戸を叩いていた男に異常な雰囲気を感じる。いきなり彼は「先生、私には悪霊が憑いています。どこの神社に行っても、お寺に行っても、教会に行っても悪霊を追い出してもらえません。この教会が最後だと思って、お願いに来ました」と話し出した。

教会玄関を叩く男　1983(昭和58)年10月

「教会玄関を叩く男」には異様な雰囲気が広がっている。けどな、あの人は真剣そのものやった。背後からはしくしくと泣きながら「お父さん、帰ろうよ。お父さん、帰ろうよ」と呼びかける少女の声が聞こえていた。

四月に有澤総合病院で診察を受ける。「どこかが悪い」という自覚はなかった。しかし、「宇和島でのストレスが体に影響していないはずはない」。それで体のチェックをしておく必要を感じた。都丘町から府道一四四号線を一〇分程枚方市駅方面に向けて歩くと、左側に病院はあった。受付で「山村先生の診察を希望する」と申し込むと、直ぐに診察室へ案内された。初対面の山村先生に「こんな医者もいたのか」と驚かされる。真黒な顔に真っ白な歯が目立っていた。身体の動きも敏捷で、テニスコートに立っているかのようだ。しばらくあいさつを交わすと血液と尿の検査を求められる。一時間くらいして診察室に戻ると、山村医師の表情が変わっていた。

山村医師の診察を受ける　1989(平成元)年4月

「山村医師の診察を受ける」のテーマは健康や。日焼けした健康な山村医師は引き締まった体をしておられた。反対にいろいろな値が病気とのボーダーラインを示していたぼくはぶよぶよの体になっている。

日本への帰国が迫っていた日だった。フランクリン・トラスク図書館での仕事を終えて宿舎に向かっていると、ケンダル館の前で偶然才藤千津子と出会う。にこやかに「これからボストン市内へ買い物に行くの」と声をかけてくれた才藤は、次の瞬間、表情を引き締めて語りかけてきた。

才藤　塩野さん、世の中につぶされた人はたくさんいるの、……。
塩野　そうなんですね。
才藤　でも、そのほとんどはつぶされたまま、悲しみを負って生きている。
塩野　分かる気がします。
才藤　だから、塩野さんはそんな人たちのためにも、つぶされた現実を克服して生きてほしい!!
塩野　「つぶされたまま生きている人たちのためにも、……」ですね!!

才藤千津子のアドバイス　1994(平成6)年8月

「才藤千津子のアドバイス」はずしんと来た。つぶされてしまった現実を乗り越えるために、夢中で打ち込んできた取り組みの意味をずばり示していたからや。そんなことがあるんやな。ずしんと来た感動がスケッチのテーマや。

① 希望の家児童館	④ 山王小学校	⑦ 東福寺駅
② 希望の家カトリック保育園	⑤ 日本キリスト教団洛南教会	⑧ 大石橋停車場
③ 児童公園	⑥ 京都駅	⑨ スーパー

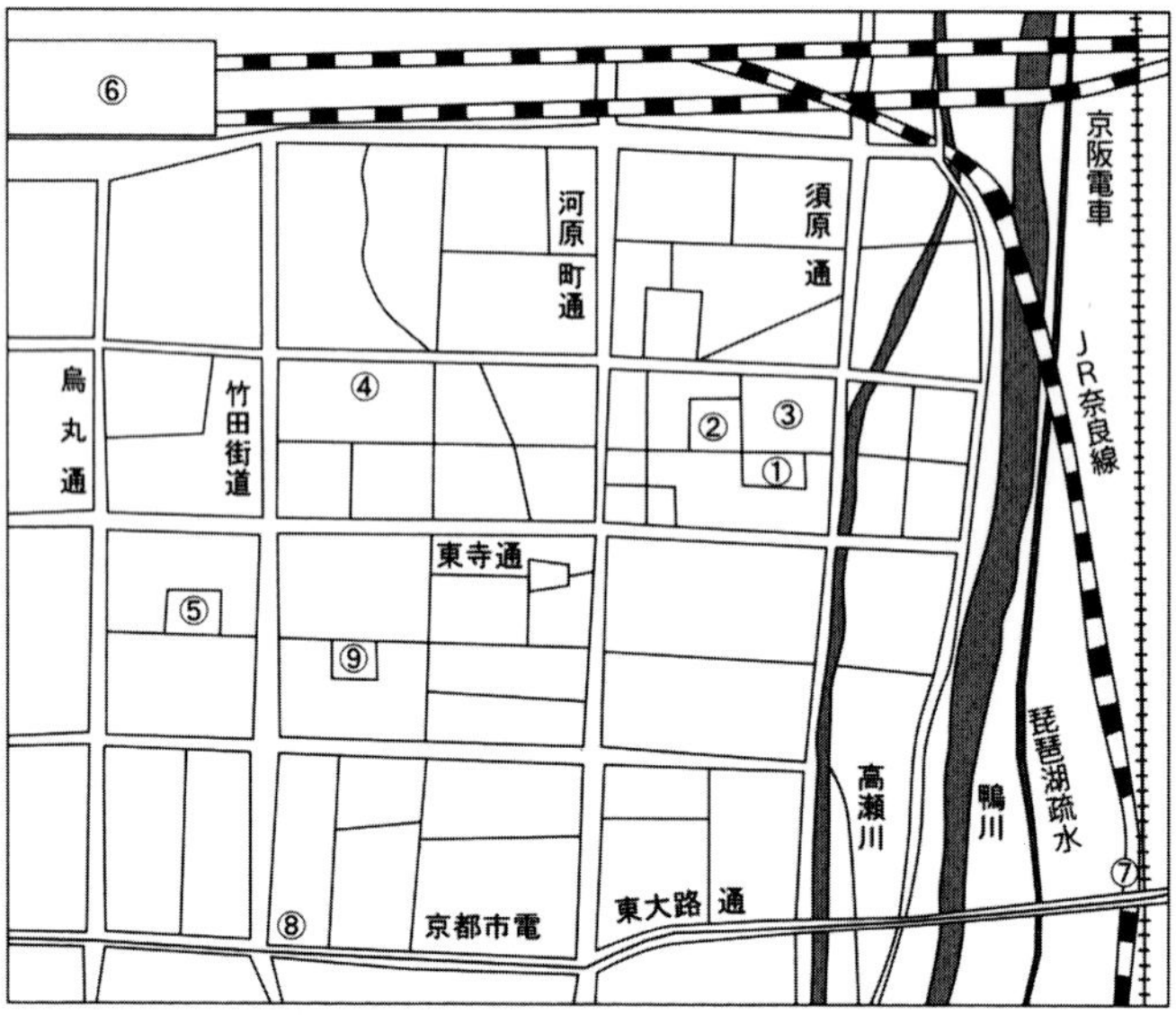

希望の家児童館周辺図（1973 年当時）

第4話

信仰、あれやこれや

茫然と雪山を眺めていた夕方である。夕焼けに輝く雪山に沿って、大里喜三牧師の上って行かれる様子が思われた。その幻に、「ああ、大里先生は天国に上って行かれるのだ」と、ぼんやり思い描いていた。その時である。予想もしなかった考えが、浮かんできた。

大里牧師にとって、死は人生の終わりではない!!
罪の力も先生の人生を破壊できないからである。
大里牧師にとって、死とは人生の完成である。
先生は自分の弱さにあくまでも正直に生きられた。
神の恵みが大里牧師を生かしたからである。
先生を生かした神の恵みは、死によって大里先生の人生を完成させる。

神岡鉱山で見た大里喜三牧師の幻　1970(昭和45)年春

「神岡鉱山で見た大里喜三牧師の幻」は不思議なスケッチや。現実(たとえば、太陽)と幻(大里牧師)が一つの世界として描かれている。こんなことあるはずがない。けどな、あの時空を見上げていた記憶を表現したら、こういう絵になった。

六月二八日の夜、寝ていると思いがけない来訪者があった。香里教会の池田義晴である。

池田　寝ている所を起こして悪かったけど、今日は塩野君に渡すものがあって来た。

塩野　何でしょうか。

池田　塩野君を応援しようという人が香里教会にいる。

塩野　ありがとうございます。

池田　それで塩野神学生への支援を呼びかけたところ、二〇人ほどの人が応えてくれた。封筒には一五万円が入っている。一か月五万円で、四月・五月・六月の三か月分で一五万円や。これを受けとってほしい。

塩野　助かります。病状が落ち着くまで教会には行けません。皆さんにはくれぐれもよろしくお伝え下さい。

池田義晴の来訪　1975(昭和50)年6月

「池田義晴の来訪」の真ん中に「有志から神学生への支援金です」という言葉がある。そこは病室やった。けどな、じめじめした暗さがない。なんでか、分かるか。「助かります」と受け取ったぼくと喜びを共にしているからや。だから、部屋は明るい。

塩野　みんな、ローソクって知ってるか？
園児　知らん。
塩野　知ってる人？
数人　（手を挙げて）はーい。
塩野　ローソクってね、明るくて温かいんや。でも、なんであんなに明るくて温かいか、分かるか？
園児　（みんなが黙ったので）しーん！
塩野　ローソクは、燃えるとだんだん短くなる。自分を燃やしているからや。ローソクが短くなるのを知ってる人、いるかな？
数人　（声だけ、あちらこちらから返ってきて）知ってる、知ってる。
塩野　ローソクは自分を燃やしながら、周りの人を照らし温めている。いいか、みんな！　人間にもそういう人がいるんや。イエス様は「人を照らしたり、温める人が大切な人や！」と教えたはる。そのことを覚えておいて下さい。今日のお話はこれでおしまいです。

洛南幼児園でのおはなし　1977(昭和52)年7月

「洛南幼児園でのおはなし」の真ん中にあるのは、「ローソクってね、……」という語りかけや。おはなしって不思議な力がある。語る者と聞く者を一つに結び付ける力や。

寝屋川十字の園へ礼拝説教の担当者として、一月六日に出かける。事務室で施設長の内本栄一から「キリスト教の施設と知って、関係者で入所される方が多い。礼拝も充実している」と伺う。二階の集会室は、車椅子や歩行器で来られた二〇名余りで満席になる。礼拝ではみんなで「主、我を愛す」を歌い、「主はそれを良きに変えて下さった」（創世記五〇章一九－二一節）と題して説教する。礼拝の間、ひときわ目立つ人がいた。前列中央のテーブルで左側に座っていた鋭い目つきの男性で、彼の存在が会場を引き締めている。内本に尋ねると、「松山高吉の息子で、松山到芳という絵描き」だった。

寝屋川十字の園での礼拝　1978(昭和53)年1月

「寝屋川十字の園での礼拝」で、後姿のぼくは両手を振り上げ、熱弁をふるっている。こんなこと滅多にないんやが、なんでか分かるか。聞く人たちの真剣さが語る者の熱意を引き出していたからや。こうして生み出された一体感が集会室全体に漲っている。

派遣神学生として、四月から日本キリスト教団豊中教会に通い始める。最初に参加した集会は四月二日夜の祈祷会で、柏木大観担当により一階の和室で行われた。祈祷会の開始と共に、柏木の「キリスト教に日本は禅で貢献できる。禅で心を空しくするとは、自分が無になることである」という声が響く。それから座布団を二つに折り、障子に向かって禅を組む。しばらくして、両足を組んで座り黙想する参会者に柏木の声が聴こえてきた。

しもべは聴きます。
祈りとは主の御声を聴くことである。
そのために己れを空しくする。
そこにのみ、御声が聴こえてくる。
「愛さねば」と思う心には反動がある。
空しくした心が主に押し出されておのずと愛する。
そこに愛がある。

豊中教会の祈祷会　1978(昭和53)年4月

「豊中教会の祈祷会」は不思議な絵や。禅寺か教会か分からへん。描かれているのは教会で、禅を組む人たちの後姿や。その四人に向かって「祈りとは主の御声を聴くことである」と響いてくる。メッセージに聞き入る心が彼らの後姿に映し出されている。

翌朝は、五時四〇分にアパートを出て、大津教会に向かった。早天祈祷会に参加するためである。暗い中央大通は意外と勾配があった。祈りつつ坂を上っていき、鍵の開けられた玄関から教会に入る。会堂二階にある集会室のドアを開けると、驚いた様子の二人がいた。高槻（恒子）のおばあちゃんと中村真一である。

塩野　おはようございます。四月から伝道師として赴任する塩野です。

高槻　原忠和先生より早天祈祷会を任せられた、私が高槻です。先生のことは堀川牧師から聞いていました。今日はようこそおいで下さいました。

中村　中村真一です。よろしくお願いいたします。

「私が高槻です」と言われたおばあちゃんの言葉は誇らしげに聞こえた。胸を張り右手でポンと胸をたたく動作が伴っていたからである。開会まで少し時間があったので、おばあちゃんから祈祷会の説明をしていただく。祈祷会を終えると、お茶が用意されていた。時々、おまんじゅうもいただく。参加者には大場文子・北村初子・掛上禮子がいた。

早天祈祷会　1979(昭和54)年3月

「早天祈祷会」で高槻のおばあちゃんと男二人の表情に違いがあるの、分かるか。しっかりした顔のおばあちゃんに対して中村とぼくはどことなく頼りなさそうや。祈祷会への責任感が彼女を引き締めていた。

訪問伝道初日の一二日は、浜本環と午後二時に膳所駅前で待ち合わせる。事前に連絡してあったらしく、会員在宅の二軒では用意されていた部屋に案内された。聖書を読み奨励を終えると、お茶の時間となる。残ったお菓子はすべて伝道師のカバンに入れて下さった。道々、浜本から聞かされたのは長期欠席会員についてだった。

浜本　これからお訪ねする方は、若い頃には熱心に教会へ通っていました。けれども、結婚した先がキリスト教厳禁です。
塩野　むずかしい問題ですね。
浜本　それからいろいろとありましたけれども、毎月届ける週報だけは本人に渡してもらえるようになりました。
塩野　教会の努力ですね。
浜本　それが二〇年は続いています。
塩野　二〇年ですか。その間の努力はすごいですね。

訪問伝道に歩く　1979(昭和54)年4月

「訪問伝道に歩く」の舞台は膳所の街並みや。さりげなく「二十年は続いています」と語る浜本環と古い通りは、歴史を生きてきた者同志としてぴったりしてる。それに対して「すごいですね」と感動するぼくは、どこか浮き上がっている。

四月一三日昼前に、国鉄予讃線松山駅から宇和島に向けて乗車する。ディーゼル機関車で、宇和島では「汽車」と呼んでいた。サラリーマン風の人たちが次々と松山で下車したので、客室は庶民的な雰囲気となる。松山市の郊外を過ぎてしばらくすると、右手に伊予灘が広がり左手の人家はまばらとなる。伊予長浜からはいくつもの山を越えて行く。勢いよく伸びた木の枝が両側から線路を覆っているのには驚いた。まるで木のトンネルをくぐっているようだ。勾配のきつい上り坂になると、スピードを落とした汽車は喘ぎ喘ぎ登っていく。周辺に人家の見当たらない山地を進んでいた時、「この先、どのような世界が待っているのだろうか」と不安がよぎった。

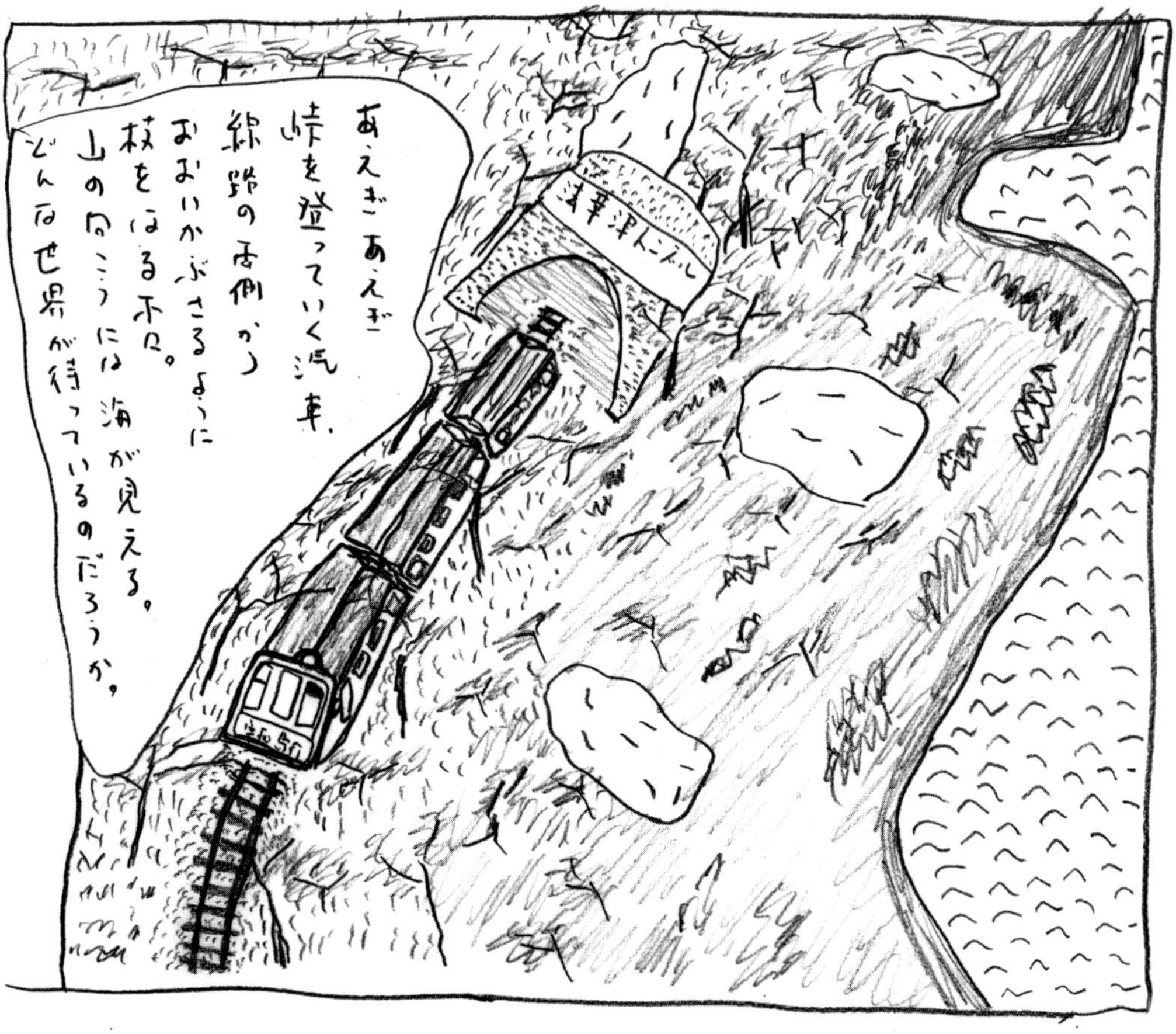

宇和島を目指す　1981(昭和56)年4月

「宇和島を目指す」は思わずよぎった不安を描き出している。線路の両側から汽車を覆うように木の枝が伸びていた。トンネルの中は真っ暗や。いずれも関西では経験したことなかった。不安を感じたわけや。

思いがけない来客が一二月一二日夜にあった。高知教会の吉田満穂牧師である。教会の第一集会室で流れるように語られる話をひたすらに伺った。

私の若い日の幸いは良き師、良き先輩、良き友に出会ったことです。師としては小塩力先生がおられます。先生は聖書を読む喜びを教えて下さった。むしろ不器用で、深く掘り下げて考える方でした。福田正俊先生も掘り下げて考える方でした。良き友としては香美教会の山崎祐博先生がいます。彼は福音をはっきりと把握している。

若い日に私は人嫌いだった。牧師になってからも、「毎週、こんな説教をしているくらいなら死んだほうがましだ」と思っていた。ところが、テキストからメッセージを汲み取ることができるようになり、事情は一変した。今では「生まれ変わったならば、もう一度牧師をしたい」と願っている。

吉田満穂牧師の来訪　1981（昭和56）年12月12日

「吉田満穂牧師の来訪」には生きいきとした空気が満ちている。何でか分かるか。吉田牧師の大きな存在感や。力を込めて「若い日の幸いは……」と語られる言葉は部屋中に響いていた。

四月一七日礼拝後に信愛教会の総会を行う。久しく見かけない人が何人もいた。役員選挙のために動員された人たちである。選挙の結果、前年度とほとんどの役員が入れ替わる。最初の役員会（四月二六日夜）のことである。入室すると、議長席の前に録音用マイクやカセットが何台も置いてある。Kが立ち上がり、発言した。

K　私たちは塩野牧師を辞めさせるために役員に選ばれたのです。そこで塩野牧師の発言を録音に取って一言一句を調べていきますよ!!。

塩野　穏やかではありませんね。

ある日の信愛教会役員会　1988(昭和63)年4月

「ある日の信愛教会役員会」に登場する6名の役員はみんなひきつった顔をしていた。「塩野牧師を辞めさせる」思いが心も体も顔も固くしてたからや。録音用マイクやカセットを前に置かれたぼくはどうすることもできずに座っていた。しんどかったで。

渡部　塩野先生、どこへ出かけておられたんですか。
塩野　市立宇和島病院へ、藤井三男さんのお見舞いに行っていました。
渡部　藤井三男と言うたら、塩野牧師を追い出そうとしている役員じゃないですか。
塩野　よくご存じですね。でも私は牧師ですから、会員が病気になれば出かけて行って、その人のために祈ります。
渡部　塩野先生を追い出そうとしている、そんな人のために祈ってあげるんですか……?!

そういうと渡部は目の周りを赤くして、通りであることにもお構いなしに「塩野先生という人は、……、ウー、ウー、ウー……」と泣き出された。

通りで泣かれる渡部淑子　1988(昭和63)年5月

「通りで泣かれる渡部淑子」は役員への見舞いを巡る立場の違いを扱っている。ぼくは入院した藤井三男を見舞い祈った。ところが、それを聞いた渡部は牧師のために「ウー、ウー、ウー」と泣かれた。彼女の純真な気持ちはありがたかったけれど、ぼくは困惑気味に立ち続けている。

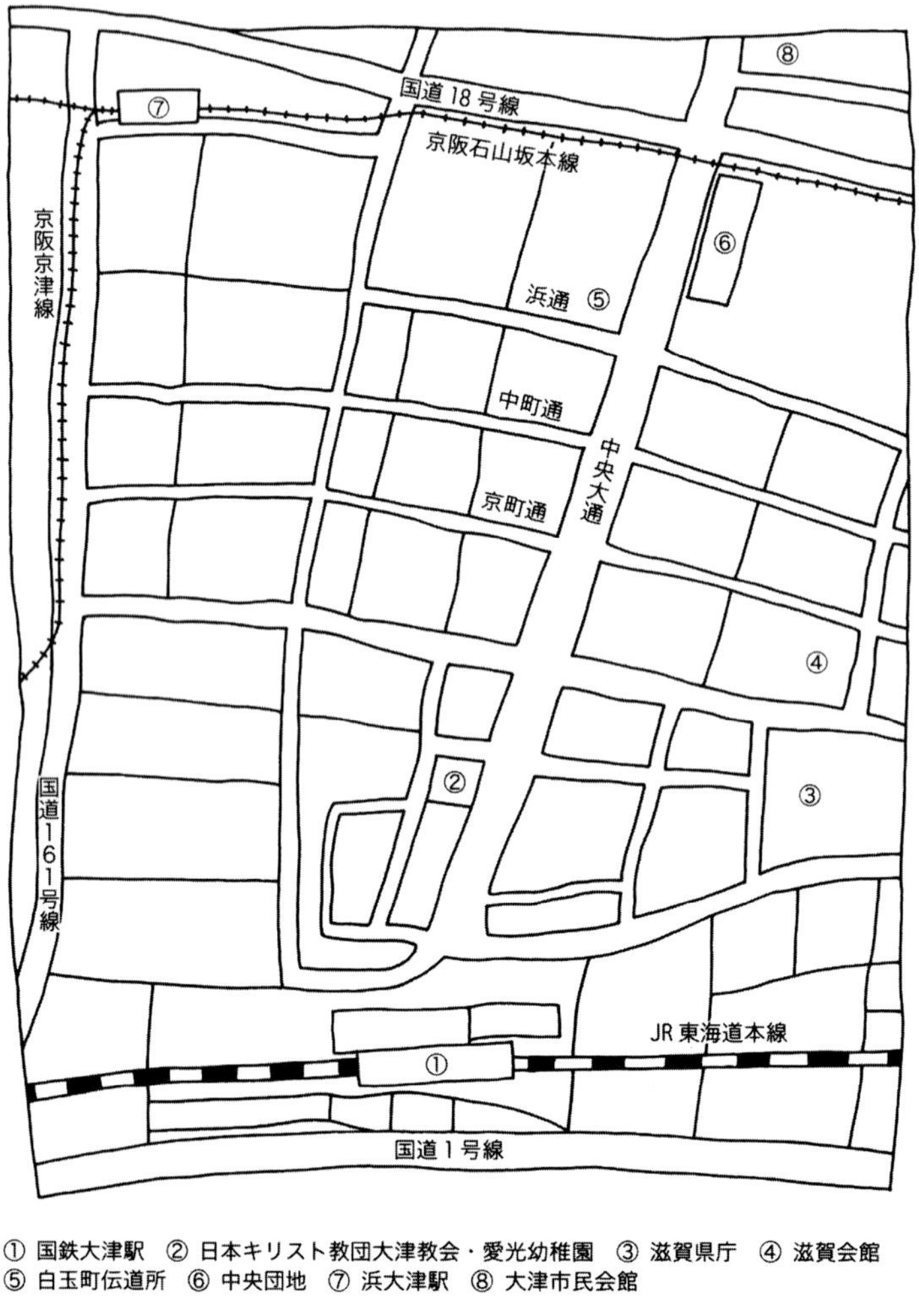

① 国鉄大津駅　② 日本キリスト教団大津教会・愛光幼稚園　③ 滋賀県庁　④ 滋賀会館
⑤ 白玉町伝道所　⑥ 中央団地　⑦ 浜大津駅　⑧ 大津市民会館

大津教会周辺図（1980 年当時）

第 5 話

教育の物語

同志社香里中学校・高等学校に正門はなく、着いてからも緩やかな坂道が続く。坂道の右側にはグラウンドが二面あり、下は野球用、上はラグビーやサッカー用だった。体育の授業は上のグラウンドを使った。坂道の左側はしばらく墓地が続き、それを過ぎると池がある。池の向こうに二面を本館とチャペル、それと食堂に囲まれた庭があり、そこにはほぼ正方形の石碑「良心ノ碑」が置かれていた。

中学生の校舎は明誠館で一階の右側が一年生、二階右側が二年生、三階右側が三年生の教室である。四階右側には図書室があった。四階左側には音楽・書道・美術といった芸術関係の教室が並んでいた。

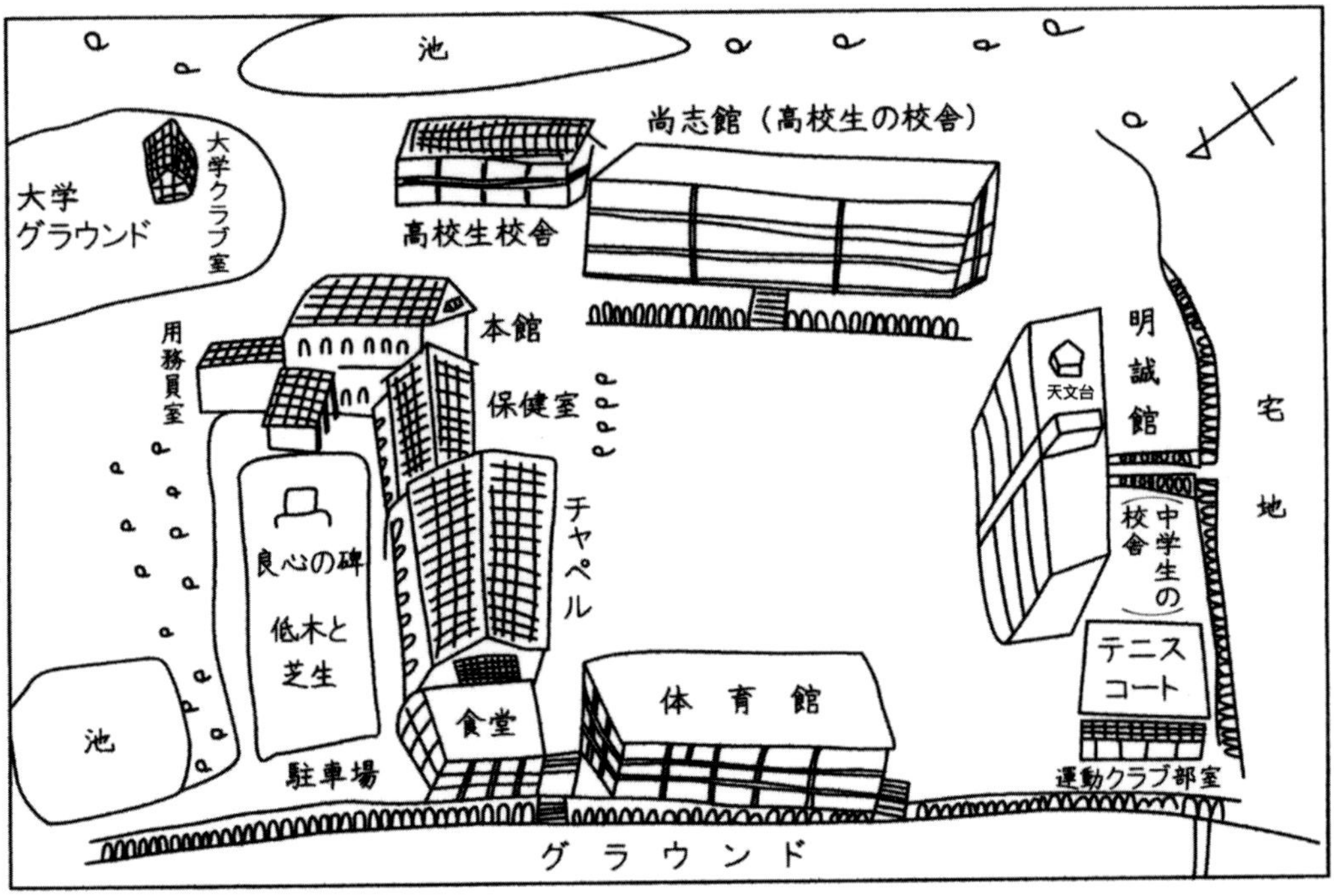

1965年当時の同志社香里中学校・高等学校　1965（昭和40）年

「1965年当時の同志社香里中学校・高等学校」は生きいきとしているやろ。あの頃、心を込めて掃除しておられた佐々木花子さんから「アンタ、頑張ってや!!」と励まされた。その日から校舎が輝いて見えた。

病状のすぐれない新島襄先生は、温暖の地大磯で新年を迎えられます。そこで作られた詩があります。

歳を送り　悲しむを休めよ　病るいの身
鶏鳴早くも　巳に佳辰を報ず
劣才　たとい済民の策に　乏しくとも
尚壮図を抱いて　この春を迎う

という作品です。この詩には死を目前にされた新島先生の、同志社の教育と日本の国を想う真情があふれているのであります!!

このように話された西邨辰三郎先生の声は震え、眼にはうっすらと涙があふれていた。

聖書科・讃美歌指導の西郁辰三郎先生(たっちゃん)　1965(昭和40)年

「聖書科・讃美歌指導の西郁辰三郎先生(たっちゃん)」は人気者やった。「なんでや」ってか。たっちゃんからあふれ出る情熱が教室に漲っていたからや。年輩だった先生が青年教師みたいやろ。教育への熱い思いがたっちゃんを若くしている。

中学三年一組の担任浜里満典先生は、中学校卒業式の日に大きな声で歌って下さった。それは山陰地方で地引網を引き上げる時に、皆で歌う労働歌である。歌い終わると、一同を見渡して高校生活に入る生徒を諭して下さった。

今歌ったのは、山陰地方における労働の歌です。中学校を卒業すると、働きに出る人たちがいます。労働は人間にとって何よりも尊い行為です。しかし、諸君は労働する代わりに高校に進み勉強します。だから、しっかり勉強して下さい!!働いている人たちに恥ずかしくないように、勉強に打ち込んで下さい!!

国語の浜里満典先生　1968(昭和43)年3月

「国語の浜里満典先生」は全身で語りかけてくる人やった。中学校卒業の日も「しっかり勉強してください!!」と教室に響き渡っていた。あの日、山陰地方の労働歌を歌ってから説いて下さった教えは生徒の心をしっかり捉えていたで。

大橋寛政先生が感情をあらわにされた場面は三度あった。一度目は夏目漱石の「則天去私」を誤解して自殺した生徒について語られた時である。責任を取って校長職を辞された先生は、「皆さんは自殺してはいけません！」と語気を強めて語られた。二度目は戦争体験を話された時である。先生は南方で捕えられ捕虜収容所にいた。たまたま先生がキリスト教徒であることをアメリカ軍が知る。すると、収容所を管理していた兵士の態度が代わる。それから両者の信頼関係は収容所の運営に生かされた。大橋先生はその時の経験を思い出し、嬉しそうに「キリスト教は敵味方を超えて、信頼しあえる友情を育てる」と話された。三度目に強い思いを込めて語られたのが、「罪の固有的実在性！」についてである。ローマの信徒への手紙七章七－二五節を読んで、「罪の固有的実在性」を教えられた。

聖書科の大橋寛政先生　1968（昭和43）年

「聖書科の大橋寛政先生」は真剣勝負の人やった。「罪の固有的実在性」なんて言われても、何のことか分からへんやろ。けどな、先生が真剣に話されると、熱い思いだけは生徒の心に伝わってきた。

世界史の清水睦夫先生はまさに言葉の人であった。壇上から浴びせかけられる講義は、全体の概観よりも焦点となる事柄に集中していた。板書するのも時間を惜しむかのように、バ・バ・バ・バ・バと殴り書きされた。そんな清水先生がニヤッと笑みを浮かべられる。するとその日の余談に入る。身を乗り出して聞きもらすまいとする生徒に向かって、先生はおもむろに話し出された。

世界史の清水睦夫先生　1969(昭和44)年

「世界史の清水睦夫先生」はおもろい人やった。芸術的とも言える話術で次々と繰り出される話題は興味深いものばっかりや。生徒は身を乗り出して聞き入っていた。

十月も下旬になった夕暮れ時、珍しく一人で帰途を急いでいた。美井元町から美井町を過ぎ、車の多い府道二一号線に入る坂道を上っていく。そこに前を歩いている女性がいた。彼女はずいぶん疲れているようだった。追い越した瞬間、なぜか目があう。彼女は同志社香里中学校・高等学校の校舎を一人で清掃している佐々木花子さんだった。

視線が合うと、花子さんは「アンタ!」と声をかけて来られた。続けて、道の真ん中であることも気にしないで話し出された。

花子さん　アンタ、広い校舎を毎日一人で掃除して回るのはしんどいで。
それに悪い生徒もおるしな。それでもなんでしんどい仕事をしてるか、アンタ分かるか!?

帰宅途中の佐々木花子さん　1969(昭和44)年10月

「帰宅途中の佐々木花子さん」は若々しい。あんなにも後姿に疲れが見えていたのに、なんでや。それはな、「なんでしんどい仕事をしてるか、分かるか?!」に込められた思い、心から湧き出ていた願いが花子さんを凛々しくしているからや。

準備を始めると、みんなはのめり込んでいった。帰りの時間も遅くなっていく。担任の那須淳男先生が心配して、様子を見に来られた。最後の週はさらに遅くなる。とうとう那須先生は差し入れを持って、応援に来て下さった。何とか完成して、文化祭当日を迎える。

文化祭を迎えた朝、「同志社今昔」の展示室となった三年Ｅ組の教室には案内係として十名くらいのクラスメイトがいた。同志社香里の中高生に交じって、校長の生島吉造先生・英語の林彰先生・数学の川人洋一先生も次々と来て下さった。

3年E組担任　那須淳男先生　1970(昭和45)年

「3年E組担任　那須淳男先生」は冷静を装っている人やった。スケッチはそんな日常を描いている。ところが、文化祭を準備する時に見た那須先生はおどおどしていていつもと対照的やった。装いの奥にある人間を見た気がした。

先生方は、学生に対して友好的だった。それぞれの仕方で、意欲的に神学研究に取り組むようにと指導された。たとえば、聖書学の先生である。「詩編」を担当された山崎亨先生は一枚のレジュメを準備した上に、黒板にも板書される。講義する時は学生に向き直って、一人ひとりの心に届くように話された。大学から烏丸通を少し北に行った自宅にも招いて下さった。

山崎亨先生　詩編の講義　1975(昭和50)年度

「山崎亨先生　詩編の講義」は人気のクラスやった。たとえば、意外性に驚きを込めて「それはバビロンの山なのです」と先生が語られる。すると、「なるほど、そういうことなんか」と頷きながら学生は聞いていた。人気の秘密、それは山崎先生の情熱と真剣に耳を傾ける学生との生きいきとした応答関係にあったんや。

野本真也先生から紹介されたJoachim Becker, *Wege der Psalmenexgese* は、学部時代に目を通しカードも作っていた。しかしそれら一切は、大学院で詩編研究を始めると役に立たなかった。先行研究をおさえるために、ドイツ語文献の的確な理解を求められたからである。Becker を前期で終えると後期にはHerman Gunkel, *Einleitung in die Psalmen.* Claus Westermann, *Lob und Klage in den Pslumen.* Klaus Koch, *Was ist Formgeschchite?* の翻訳に取り組む。毎週のように提出したレポートはいずれも真っ赤に添削されて返ってきた。詩編と万葉集の比較研究は断念せざるをえなかった。ゼミを終えると、野本先生は喫茶店のわび介へと院生を誘い、コーヒーをご馳走下さった。先生を囲んで、三年目の松隈正徳、後期課程に進まれた渡辺孝治、組織神学を専攻していた畠山保男、それに一年目の山川誠と塩野は話に夢中になった。

わび介で野本真也ゼミ　1977（昭和52）年4月

「わび介で野本真也ゼミ」はテーブルを囲み、くつろいだひと時を描いている。それにしても話題はドイツ・中国・フランス・アメリカと世界各地の文化に及んでいた。ほっとしながらも、ちょっと堅苦しいかな。

六月に土肥昭夫先生の指示により研究室へ行く。そこで、「今年は東北地方にある大学と福岡にある西南学院大学から公募が出ている。東北の大学やったら、間違いなく行けるやろ!西南学院大学やったら、まずあかんやろ!しかし、塩野は西南学院大学に応募したらいい」とアドバイスを受けた。西南学院大学の名前だけは知っていた。福岡も何回か通過していたが、下車したことはない。それにしても何とも奇妙な「西南学院大学やったら、まずあかんやろ!しかし、……」という助言である。理解できなかったが、指導教授の勧めなので履歴書と研究成果の一切を段ボール箱に詰めて西南学院大学へ送った。

土肥昭夫先生のアドバイス　1992(平成4)年

「土肥昭夫先生のアドバイス」に描かれた先生はいつもの調子で淡々と話しておられる。先生にあわせてぼくもあたり前の顔をしている。けどな、心の中では戸惑いが広がっていた。先生の助言が理解できなかったからや。

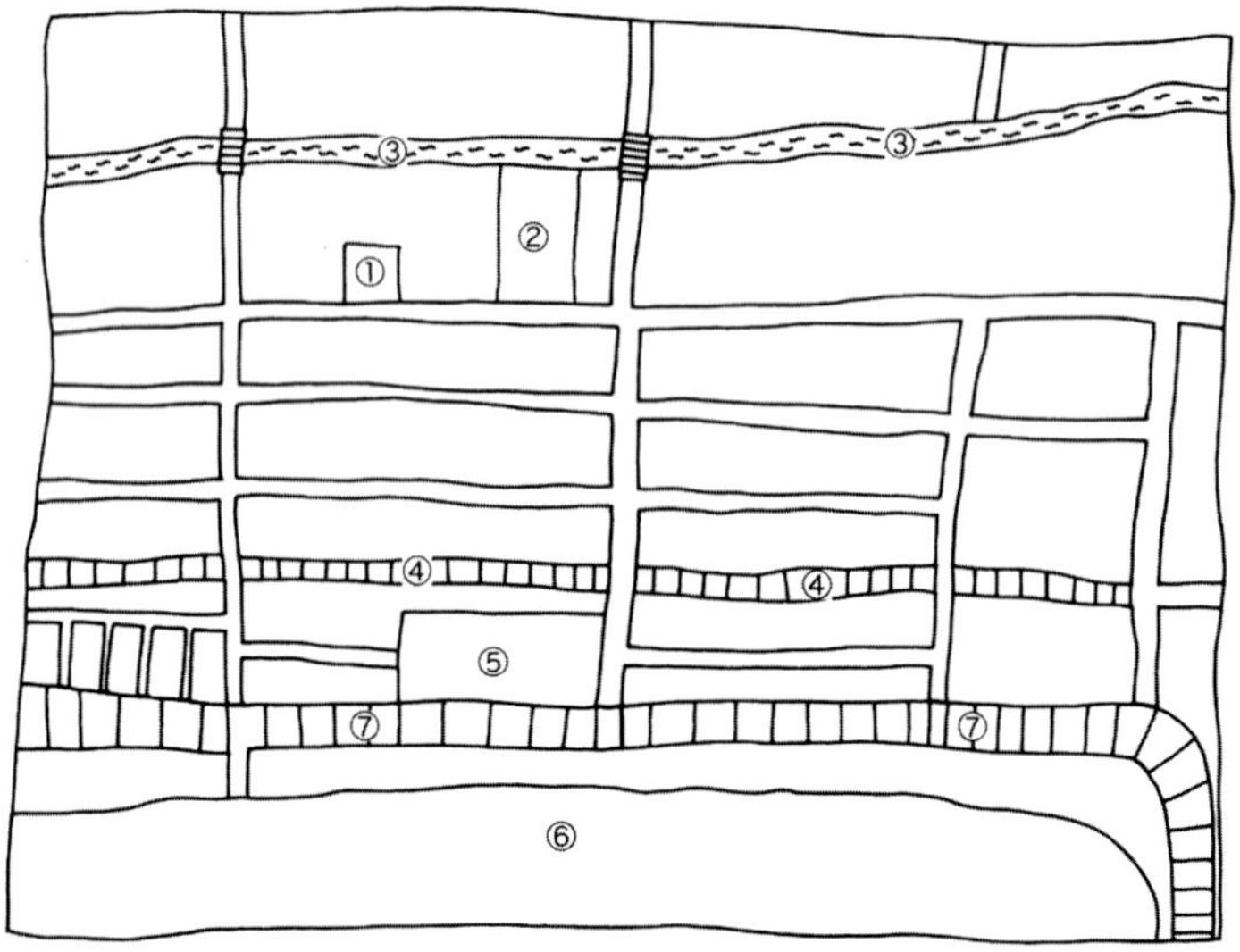

① 宇和島信愛教会　② 浄土真宗本願寺派浄満寺　③ 辰野川　④ 商店街　⑤ 南予文化会館
⑥ 城山　⑦ バス通り

宇和島信愛教会周辺図（1980 年代）

第 6 話

志に導かれて

あいさつが終わると、柴田勝正は向きなおって和夫の顔を見据えた。そして「うれしいやないか、シオノ!!」と始め、「私もいささかお手伝いさせてもらった同志社香里中学校・高等学校で、今日も千名を超える生徒が新島先生の教育を受けている。こんなにうれしいことはない」と続けるのであった。真剣な語りかけは和夫を圧倒し、その声は彼の体と心に響き続けた。だが「うれしいやないか、シオノ!!」と語りかける柴田の顔は、子どものように思えた。純粋な喜びに輝いていたからである。

うれしいやないか、シオノ!!　1958(昭和33)年

「うれしいやないか、シオノ!!」と響いたのは和室やった。あっちにもこっちにも読みかけの本が山のように積んであった。ところが、火鉢の前に座った柴田が「うれしいやないか」と始めると薄暗い部屋がパッと明るくなった。柴田の顔も輝いていた。

あの時、生島吉造先生はしっかりと眼を見開いて私を見つめられた。それから一言ひと言、かみしめる様にして語って下さった。

塩野君、塩野君には人間を見る眼をぜひ養ってもらいたい。いいかい、語られたひと言がどんなにすばらしい言葉であっても、たったひと言で人間を判断してはいけない。人間という者は、その人の全体を見てから評価するものだ。塩野君にはその人の全体を見て、それから正しく鋭く人間を見る眼を養ってもらいたい。

塩野君はこれから同志社大学経済学部で学ぶと聞いている。しかし、どうか同志社大学で研究を終えないでほしい。同志社大学を卒業したなら、アメリカであればハーバード大学、イギリスであればオックスフォード大学かケンブリッジ大学で、さらに研究を続けてほしい。そして、塩野君として学を極めてほしい。

その上で、塩野君にお願いがある。この三年間、私が同志社香里中学校・高等学校で打ち込んできたことを、塩野君には分かってもらえたと私は信じている。そこで、塩野君にお願いがある。

（ここで、生島校長は少し間をおいて、じっと私を見つめられた）。

ひとつ私の志を引き継いで、同志社のキリスト教教育を担ってくれないかね！

語り終えられてからも、生島校長は私を見つめておられた。先生の顔を見上げ、心の内に「生島先生の信頼を裏切るわけにはいかない」と強く思うのであった。

校長室の生島吉造先生　1971（昭和46）年3月

「校長室の生島吉造先生」を前にすると、今でも心を打たれる。教育に打ち込んでおられた先生の精神性がぐっと迫ってくるからや。背景にある曇りガラスの書架と教育者生島先生には一体感があった。

その日は仕事を教えてくれた四〇代のおっちゃんと昼食をとっていた。その時に聞かれる。

お兄ちゃんは大学生や。大学を卒業したら、どんなことをしようと考えているんや？

思いがけない質問だった。ところが、なぜか素直になって心にある思いを打ち明けていた。

僕は今、経済学を学んでいます。けれども、いろんな人を見ていると、みんなが救われるための人間らしく生きることができるための勉強をもっとしたいと思うんですけれども……!?

すると、間を置かずに応えて下さった。

そら、そうやろな！
僕らのためにもがんばってえな!!
応援してるで!!

私を押し出した言葉　1973(昭和48)年3月

「私を押し出した言葉」の真ん中にあり、全体を統一しているのが「そらそうやろな！僕らのためにも頑張ってえな!!」である。言葉って不思議なものや。あの時、進路を悩みに悩んでいたんや。そんなぼくをおっちゃんの言葉は新しい道へと押しだす力があった。

ある土曜日のこと、二月に入り寒い日だった。一階ホールで遊んでいると、Aが脱いだ靴下を差し出して「穴があいていて冷たいから、縫って！」とせがんできた。「よしよし、シスターに頼んで裁縫箱を借りてくる。ちょっと待っててや」とその場に待たせた。それから、ホールの隅で靴下の穴を縫い始める。小さな靴下に三つも穴があいていた。縫い始めると、みんなが私を取り囲んで、口々に言い始めた。

D　俺の靴下も穴があいてる！
C　あたしの靴下も縫って！
B　俺の靴下も縫って！
塩野　よしよし縫ってやるから、みんな一列に並んで座れ！一列に！

三〇分ほど靴下を縫い続けた。その間、彼らのことを考えずにはおれなかった。

靴下の穴を縫う　1974(昭和49)年2月

「靴下の穴を縫う」は希望の家一階ホールにおけるある日の出来事を描いている。靴下縫いの遊びを思いついたのは子どもたちや。ところが、作業に取り組むぼくは真剣に考えている。スタッフのシスター水元と丸本は「大丈夫かな??怪我でもしないかな?」と心配そうに見守っていた。

Bがドアを開け中に入ると、AとDも進んでいく。続いて入ってみると、三人はすでに一番後ろの長椅子に座っていた。

B　先生、何してんねん、座りいな！
塩野　座って、何するんや？
D　神さまにお祈りするんや。
塩野　何をお祈りするんや？
A　悪いことをしたら、「ごめん」て神様に謝るんや！

子どもたちは眼を閉じ、手を合わせ、祈り始めた。そんな彼らの姿は私の心を揺さぶらずにおかなかった。

希望の家の聖堂で　1974(昭和49)年6月

「希望の家の聖堂で」は信じがたい光景を扱っている。聖堂は厳粛な雰囲気に包まれていた。そんな中、少年3人は祈り始めたんや。あのやんちゃな3人がやで……、信じられるか。祈る彼らの姿に心打たれながらも、要領を得ないぼくは突っ立ていた。

夏前から希望の家でAを見ない日が続いていた。一〇月になって久しぶりに見かけたのは児童公園である。すぐにAの前まで行き、声をかけた。

塩野　久しぶりや。どうしてたんや？

A　俺な、引っ越しするねん!!

答えたAの顔には表情がなかった。数か月前のあどけなかった彼と今のAは別人のように見える。東九条で生まれ育った少年が「その故郷から逃れたい」とうそぶいている。ショックだった。

児童公園にて　1974(昭和49)年10月

「児童公園にて」は悲しい絵や。「おれな、ひっこしするねん!!」と話す少年の心が分かるか。それはな、「地域社会から離れたい」という願望や。生まれ育った地域社会を受け入れることができない。こんなに悲しい現実もないやろ。

聖書を読み、祈り、讃美した。京都の一月は寒い。雪の舞う朝もある。しかし、祈る心は熱く燃えていた。歌っていると、ユリカモメ（都鳥）が次から次へとやって来ては目の前を飛んでいる。祈りと讃美の歌声に合わせて舞ってくれているようでうれしかった。

祈り始めて数日後のことである。河原に下りてきて、たき火を始めるおばちゃんがいた。歌い終わるのを待っていたかのように、彼女は「お兄ちゃん、寒いやろ。あたっていきいな！」と声をかけて下さる。並んで小さなたき火にあたった。火に手をかざしていると、手のひらから全身がポカポカと温かくなっていく。おばちゃんは毎朝河原に下りてきて小さなたき火を熾し、「お兄ちゃん、寒いやろ。あたっていきいな！」と声を掛けてくださった。

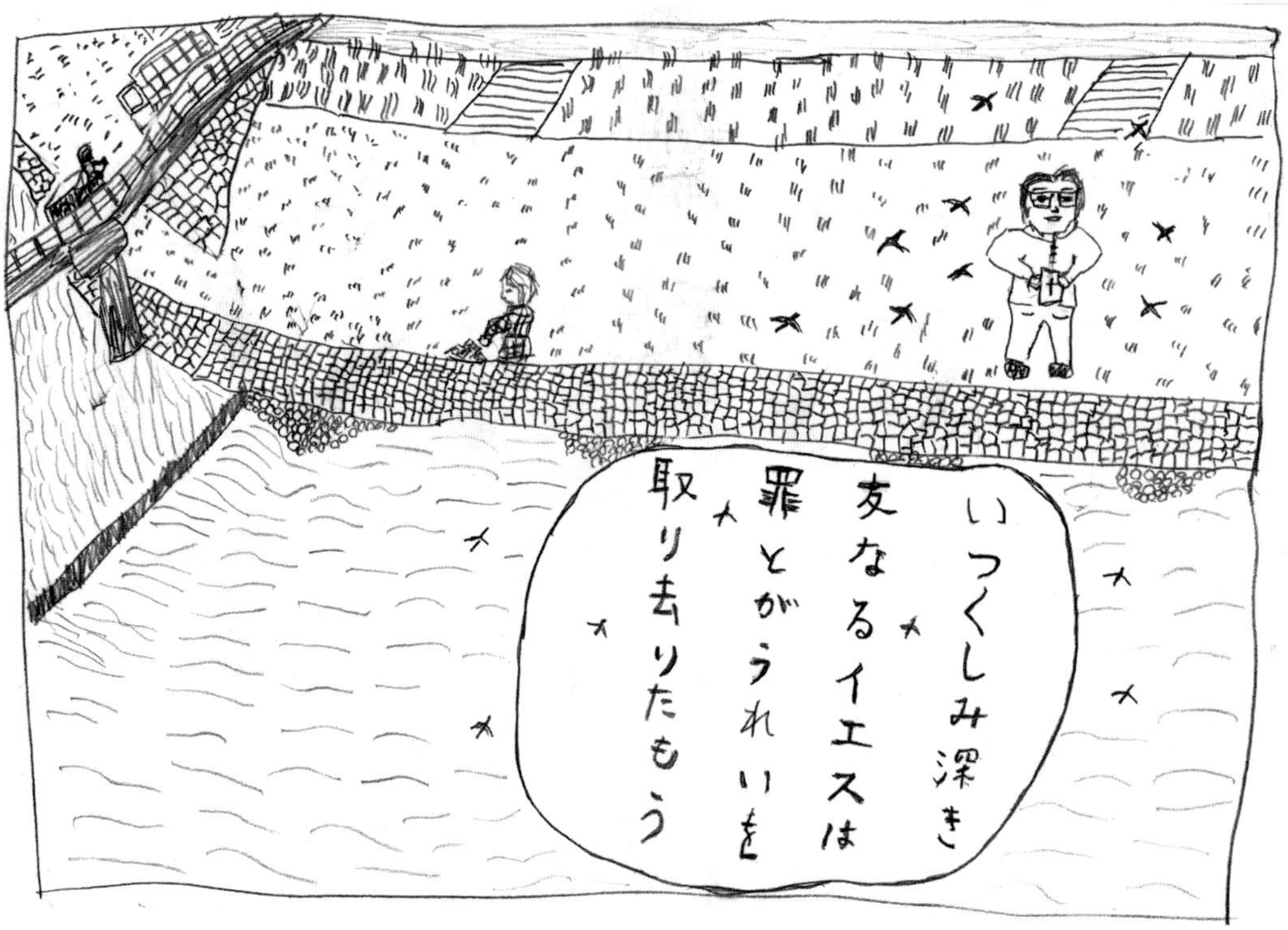

君は天使を見たか　1975(昭和50)年1〜3月

「君は天使を見たか」は河原から地域社会に向かって祈るぼくを描いている。少し離れた左側に蹲っているおばちゃんがいるやろ。地域社会で最も差別されていた彼女は毎朝ぼくのためにたき火を熾してくれた。たき火は両手から全身を温め、やがてぼくを立ち上がらせる力ともなった。だから、おばちゃんがぼくの天使や。

小西家を後にすると、京阪電車香里園駅の洗面所へ直行した。涙の滲んだ顔を洗うためである。枚方市駅から自宅まで歩いて帰る間、派遣神学生を引き受けたこととKの病気との関わりについて考え続けた。けれども、いくら考えても答は出ない。真っ暗な禁野の坂を歩いて上った時には、声にならない声を出すしかなかった。

すまん、K！

退院が近かったのに……。

でもなあ……、

ぼくが自分を生きるためには、

この道しかないんや。

使命と信じた道を歩む。しかし、そのために一人の友人に与えた衝撃の大きさに泣くしかない帰り道だった。

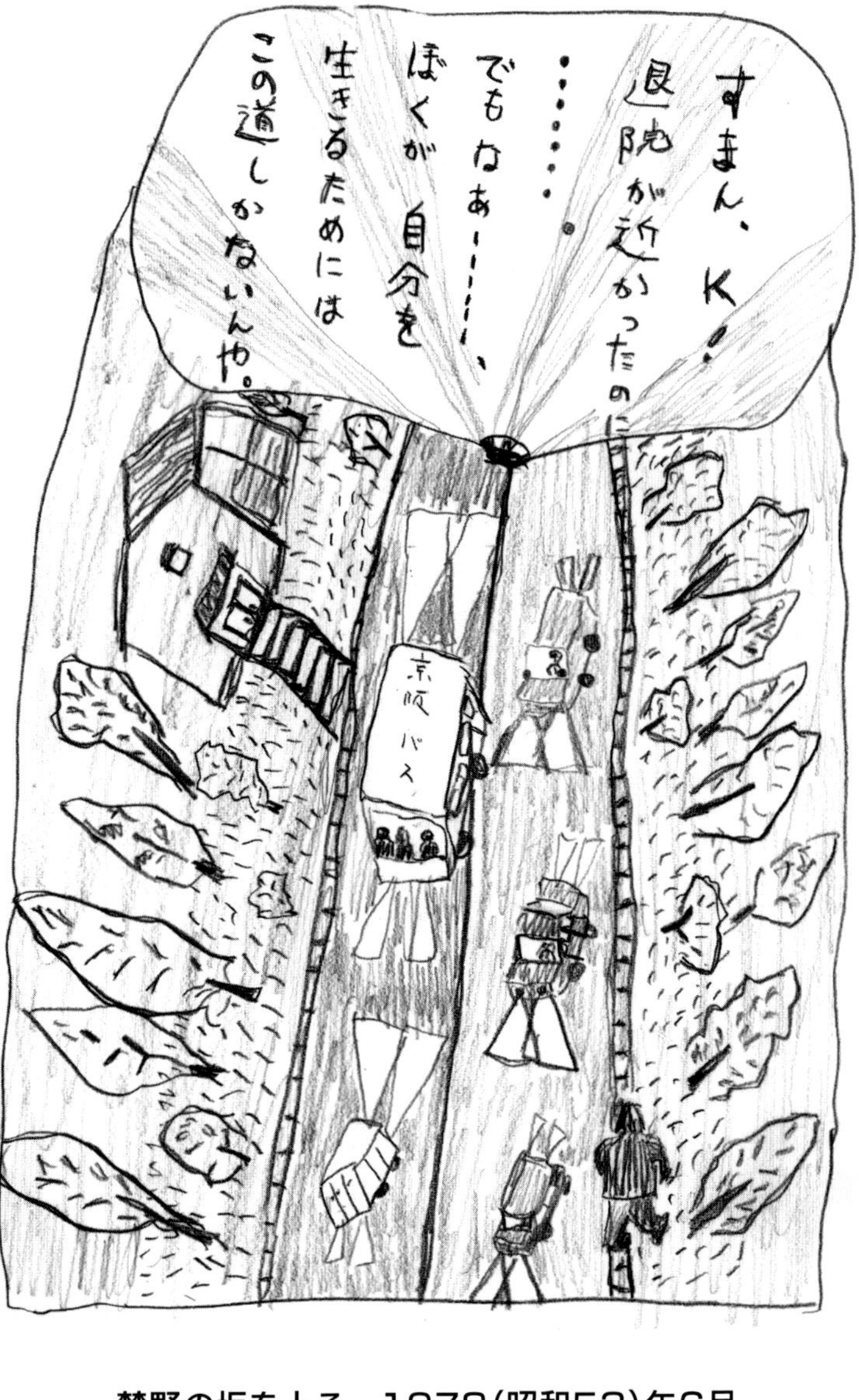

禁野の坂を上る　1978(昭和53)年6月

「禁野の坂を上る」は悲しい絵や。右手手前に後ろ向きで小さく描かれたぼくは「すまん、K!」と繰り返していた。夜の暗さに覆われた禁野の坂を上っていくぼくの目には涙がにじんでいた。

ところがその日、走り寄ってきた学生の表情は爽やかだった。彼女は講壇の前まで来ると、一通の手紙を差し出して言った。

女子学生　先生に相談してきた悩みが解決できました。これは先生へのお礼と報告の手紙です。ご覧下さい。

塩　野　よかったですね。お手紙は家に帰ってから、ゆっくり拝見します。

自宅に帰って封を開けると、出てきたのは鮮やかな花模様を施してある便箋だった。記されていた感謝と報告の言葉を読み返していると、深い感動が込み上げてきた。心を揺さぶられる中で、「学生たちはそれぞれに成長を示し、問題を乗り越えてくれた。彼らと共に成長し、彼らの課題を担っていく。それが教えるということだったんだ!!」と教育に関する直感がひらめいた。

感謝と報告の手紙　1992(平成4)年10月

「感謝と報告の手紙」は教育に対する直感がひらめいた一瞬を絵にしたものや。講義を終えると、手紙を手に走り寄ってくる女子学生がいた。その後から数名の学生も講壇の前にやってきた。100名を越える受講生は彼らを温かく見守っていた。

最終的な決定を聞くまでの一か月余りは、内的に沈潜する時となる。その間に何度も取り出して読んだのが、「お礼と報告の手紙」である。半年程の苦悩とそれを克服した喜びを綴った手紙を読んでいると、相談に来ていた学生たちの顔が浮かんでは消えていった。そんなある時、不思議と鮮やかによみがえってきた声があった。柴田勝正の「うれしいやないか、シオノ！」と生島吉造先生の忘れられない言葉である。

柴田が「うれしいやないか、シオノ！」と語りかけたのは三五年前である。生島先生から「志を託された」のは二二年前である。しかし、多くの年月を経ていたにもかかわらず、よみがえってきた言葉は輝いていた。なぜか？聖和大学における「学生と共に成長し、彼らの課題を共に担う」経験を通して、共感性をもって教育を理解できたからである。言葉の輝きは暗闇にあって歩むべき道を示す光でもあった。

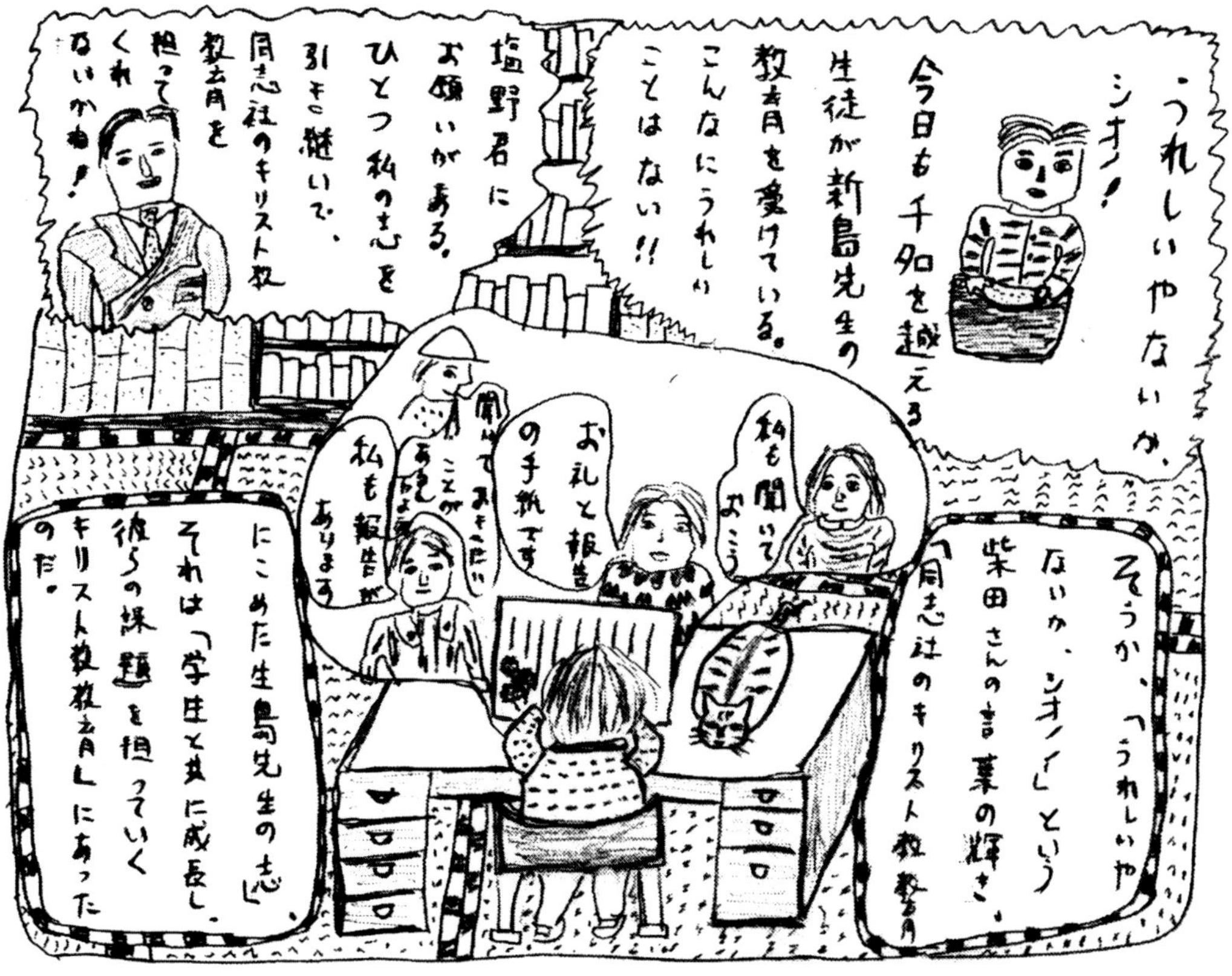

よみがえる言葉の輝き　1992(平成4)年11月

「よみがえる言葉の輝き」の場所は自宅和室の勉強部屋や。机の上には寅次郎(猫)が寝そべっている。女子学生の手紙を読んでいると、目の前に学生たちの顔と声が次々と浮かんで来た。そうしたら本当に不思議なことやけど、柴田勝正と生島吉造校長の言葉も蘇ってきた。それらは暗闇を乗り越えて生きる道を示していた。

ぼくと72枚のスケッチ

塩野　和夫

母が父のもとへ駆け落ちした（「富沢の励まし」）翌年、１９５２（昭和27）年11月にぼくは枚方市山之上で生まれた。転居した牧野で54年に弟が生まれる。３歳でその年の作品が「母の涙」である。柴田勝正により祖母との和解が成立し、枚方市都丘町に転居した。翌年58年の正月から柴田家へ正月のあいさつが始まる。「うれしいやないか、シオノ‼」５歳だった。妹が生まれた１９５９（昭和34）年に山田小学校へ入学した。６歳でその年の作品が「銭湯に行く松尾さん」である。３年生の時を描いた作品が「『新庄さ〜ん‼』と呼ぶ」「母の肩をたたく父」である。５年生の時を描いた作品が「和田の涙」、６年生の時を描いた作品が「運動会で走るＡ」「おいしいたこ焼きの秘密」である。

１９６５（昭和40）年に同志社香里中学校へ入学した。12歳である。その年の作品に「父のプレゼント　４９００円の時計」「１９６５年当時の同志社香里中学校・高等学校」「聖書科・讃美歌指導の西郁辰三郎先生（たっちゃん）」がある。中学２年生の時を描いた作品が「鉄の下駄」である。１９６８（昭和43）年に同志社香里高等学校に進学した。15歳である。その年の作品として「国語の浜里満典先生」「聖書科の大橋寛政先生」がある。高校２年生の時を描いた作品に「世界史の清水睦夫先生」「帰宅途中の佐々木花子さん」がある。高校３年生の時を描いた作品には「神岡鉱山で見た大里喜三牧師の幻」「３年Ｅ組担任　那須淳男先生」「校長室の生島吉造先生」がある。

１９７１（昭和46）年に同志社大学経済学部へ入学した。18歳である。その年の作品が「『おい、シオノ！』と呼ばれる」「私を救った言葉」である。２年生の時の作品が「僕の歩いた能登」「お地蔵さんに手を合わせるおっちゃん」「Ｋと相撲を取る　神峰山寺にて」「島一郎ゼミ」「天橋立にて」「島一郎ゼミで吉田山に登る」「おっちゃん、走る！逃げる‼」で、３年生の作品が「私を押し出した言葉」「立ちすくむ」「おっちゃん、土手の上の道を行く」「シスターに手を合わせる女性」「香里教会の餅つき大会」である。4年生の時を描いているのが「靴下の穴を縫う」「希望の家の聖堂で」「湖に沈む　近江舞子水泳場にて」「児童公園にて」「父母に了解を求める」「引っ越しの朝」である。

1975（昭和50）年に同志社大学神学部に転入学した。22歳である。その年の作品が「君は天使を見たか」「山崎亨先生　詩編の講義」「池田義晴の来訪」「瀬野勇のお見舞い」で、翌年の作品が「寝屋川十字の園にお花のプレゼントを」「あーと口を開いて下さい」である。1977（昭和52）年には同志社大学大学院神学研究科修士課程に入学した。24歳である。その年の作品が「わび介で野本真也ゼミ」「洛南幼児園でのおはなし」で、翌年の作品が「寝屋川十字の園での礼拝」「豊中教会の祈祷会」「禁野の坂を上る」である。

1979（昭和54）年に日本キリスト教団大津教会に着任した。26歳である。その年の作品が「早天祈祷会」「訪問伝道に歩く」「お茶の時間」「茶道教室で」で、翌年結婚した年の作品が「深い悲しみ」である。1981（昭和56）年に宇和島信愛教会・伊予吉田教会に転任した。28歳である。その年の作品が「宇和島を目指す」「吉田満穂牧師の来訪」で、転任して3年目の作品に「教会玄関を叩く男」、7年目の作品に「ポー（猫、推定7歳）との出会い」、8年目の作品に「ある日の信愛教会役員会」「通りで泣かれる渡部淑子」がある。

宇和島信愛教会・伊予吉田教会牧師を辞任した1989（平成元）年、36歳の年の作品に「昼寝をするトラとタマ」「山村医師の診察を受ける」「暗闇の礼拝堂に響くオルガンの演奏」がある。

1990（平成2）年に同志社大学大学院神学研究科博士課程に入学、西宮基督教センター教会に着任、聖和大学の非常勤講師を務めた。37歳である。翌年に「入院する父」、2年後に「病院の帰り道に、母から聞いた話」「病床洗礼を受ける塩野元治郎」「土肥昭夫先生のアドバイス」「感謝と報告の手紙」「よみがえる言葉の輝き」の作品がある。

1993（平成5）年に西南学院大学に着任した。40歳である。翌年の作品に「才藤千津子のアドバイス」がある。

あとがき

『キリスト教教育と私　後篇』を出版した時に、心の深くから「一つの仕事をやり遂げた」という充実感があった。私事になるが、二〇〇六（平成一八）年六月に脳梗塞を患い、後遺症による麻痺で歩行が困難になった。追い打ちをかけるように、二〇〇八年一月に脳梗塞を再発し、取り組んできた仕事の多くを手放さざるをえなくなった。そのような状況にあって残されている可能性を探し求め、出会ったのが二〇〇九年秋に執筆を始めた『キリスト教教育と私』である。以来、足かけ十年の年月をかけて『キリスト教教育と私　前篇』（二〇一二年五月）、『キリスト教教育と私　中篇』（二〇一五年一〇月）、そして『キリスト教教育と私　後篇』（二〇一八年三月）を出版した。

ところが、ほっとできたのはわずかに一週間余りだった。四月に入ると、メイルに手紙とはがき、そして口頭で『キリスト教教育と私　後篇』に対する感想が届けられた。寄せられた百を越える感想で意外だったのは、多くの方がスケッチに対する評価を記しておられた事実である。リハビリ仲間の小川信さんからは「生活している施設で、スケッチを見せながら説明すると、みんな食い入るように聞いてくれる」と報告を受け、だから「スケッチ中心の本をまとめてはどうか」と勧められた。塩野まりからは「西南学院高校の中根広秋先生は『前篇』を出版した時から、スケッチ中心の絵本をまとめてはどうかと言っておられる」と初めて聞かされた。しかし、それらの意見には対応できなかった。疲れ切っていたからである。

それにしても、なぜスケッチに対する反応が多いのか。思いめぐらしていて、ハッと気づかされた事実があった。日本キリスト教団大津教会の伝道師を務めていた時のことである。堀川勝愛牧師の許可を得て、一九七九（昭和五四）年九月から翌年の三月まで毎週火曜日は夕方五時で仕事を切り上げた。大津市桜野町にあった板倉きく先生宅で夜七時から開かれていた茶道教室に通うためである。教室を終え後片付けをする八時半頃になるとお連れ合いの板倉宗悦先生が姿を見せられ、ご指名により一人だけ残された。それから宗悦先生の画かれた絵を一点、二点と拝見し議論を続けた。作品の多くは先生近年の絵であったが、若い日に師事された安田靫彦先生の下で画かれた習作や茶器、活けてあるお花も議論の対象となった。絵に対する見識と情熱を持っておられる板倉先生は美について、人間の真実について、感動について熱く語られた。私も懸命に応えた。「素人の言うことにも時には聞くべきことがあるものですな」、しばしば聞かされた先生の言葉である。『キリスト教教育と私』を書き進めるうちに、「言葉だけでは表現しきれない感動をスケッチで補おう」と考えたのは、あの豊かな経験に基づくものに違いない。

花書院の仲西佳文氏とキャンパスサポート西南の松嶋慎一氏に会ったのは七月一三日（金）である。意見をうかがうためであった。絵本作成のアイデアを説明するために『前篇』から二〇点、『中篇』から二一点、『後篇』から三一点のスケッチを選んでおく。一覧表と簡単な解説文も作っておいた。その上で、「スケッチ・関連する本文・スケッチの説明文」を一セットとして72セットで本にするアイデアを紹介した。半信半疑で説明したが、冒頭から二人は「スケッチを中心にした本については私たちも考えていたんです」と積極的である。表紙や内容、三点の組み合わせ方などについて、全般的な課題を話し合った。最後に仲西氏から、「出版日は今年の一二月二五日クリスマスとしましょう」と提案があった。このようにして一二月二五日の出版日に向けた作業を進めることとなる。

たっぷりと時間の取れる夏の間に取り組んだ主要な作業は表紙の原案作りである。いろいろな角度から変化を持たせた十通り以上の表紙案を作成した。塩野ゼミ三年と基礎ゼミ一年のゼミ生には代表的な数点を見てもらい、意見を聞く。ところで、表紙を飾る主要人物はやはりあの佐々木花子さんになる。花子さんは、同志社香里中学校・高等学校に在籍した六年間を通じて施設課で唯一の女性職員だった。彼女はいつも一人で広い校舎を掃除していた。一九六九（昭和四四）年一〇月、帰り道を急いでいた高校二年生の私は後姿に疲れが見える女性を追い越した。その時、目と目が合う。佐々木花子さんだった。目があった瞬間、なぜか花子さんは「アンタ！」と呼びかけて来られた。それから、しんどい仕事を続けている訳を説明し、「アンタ、偉い人間（同志社では「良心を手腕に生きる人間を偉い」と言う）になってや！」と呼びかけて下さった。忘れられない言葉である。話されていた時、花子さんの顔は生きいきと輝いていた。

夏の間にふとした思い付きで取り組んだ作業がもう一つある。若い日に使っていた大阪弁の日常会話風言葉に解説文を書き直す仕事である。たとえば、「富沢の励まし」の当初の解説文と書き直したものは次の通りである。

当初の解説文

「富沢の励まし」にみなぎっているのは緊張感である。その中心に口を広げられたがまぐちがある。緊張感の真ん中、感動の中心にあるのもこのがまぐちである。がまぐちを開いている富沢の手は描かれていない。「恵美子ちゃん、頑張っておいで!!」と励ます彼女の心が開いているからである。

大阪弁の解説文

「富沢の励まし」の真ん中にあるのは大きく口を開かれたがまぐちや。緊張感の真ん中、感動の中心にあるのもこのがまぐち。「がまぐちを開けている手が描かれていない」ってか。絵心の分からんことを言うんやない。「恵美子ちゃん、頑張っておいで!!」と励ます富沢の心が開けているからや。

「当初の解説文」と「大阪弁の解説文」を並べて、多くの方に見ていただいた。すると、ほとんどすべての方から「言葉が生きている」、「スケッチが生きいきとしてくる」などといった理由で「大阪弁の解説文がよい」と評価を受けた。これらの意見を踏まえて協議した結果、解説文は大阪弁を採用することになる。

八月三一日、九月二一日、一〇月一九日と協議を重ね、タイトル・表紙・中表紙・スケッチの装丁など概要が固まってきた。それらには絵本特有の工夫が必要で、相応の時間をかけざるをえなかった。そのために本格的な校正作業に入ったのは一一月九日からで、文字通りの突貫作業となる。学生二人の全面的な協力を得て校正作業を終え、完成原稿を花書院に渡したのは一二月七日だった。

教文館からは『キリスト教教育と私　前篇』、『キリスト教教育と私　中篇』、『キリスト教教育と私　後篇』から七二枚のスケッチとそれに関連する本文転載の許可をいただいた。その上に、『前篇』と『中篇』に掲載したスケッチのデータを送っていただく。本書は教文館の全面的な協力があって刊行できた事実を記し、心からの謝意を表したい。

萱田美紀さんには七二枚のスケッチに関連する本文を打ち込んでいただいた。突然の申し出であったにも関わらず引き受けて下さり、注意の行き届いた仕事をしていただいた。校正作業に協力してもらったのは塩野ゼミ三年生の井上優里さんと一年生の大野いつきさんである。突貫作業であったにもかかわらず、二人は冷静に校正原稿を読み、気づかなかった点をいろいろとアドバイスしてくれた。三人には感謝している。

絵本の製作という不慣れな作業に忍耐を持って付き合って下さったのが、花書院の仲西佳文氏とキャンパスサポート西南の松嶋慎一氏である。二人から多くの示唆を得て本書が出版できた事実を記し、謝意としたい。

なぜか茶々丸(猫、十歳七か月)は原稿を机の上に置くとやって来て、膝の上に五分ほど座っていた。それは心を落ち着けて作業に入る準備の時となる。頃合いをみてコーヒーを入れてくれたのは塩野まりである。コーヒーにはゆったりとした気分で作業に取り組む効用があった。これらの事実を記し、茶々丸と塩野まりへの感謝としたい。

二〇一八年一二月　アドベント

生松台の自宅にて

塩野 和夫

〈著者紹介〉

塩野 和夫（しおの・かずお）

1952年大阪府に生まれる。同志社大学経済学部卒業。同大学大学院神学研究科後期課程修了、博士（神学）。日本基督教団大津教会、宇和島信愛教会、伊予吉田教会、西宮キリスト教センター教会牧師を経て、現在、西南学院大学国際文化学部教授。

著書に『日本組合基督教会史研究序説』『日本キリスト教史を読む』『19世紀アメリカンボードの宣教思想Ⅰ』『キリストにある真実を求めて —— 出会い・教会・人間像』（新教出版社）、*The Philosophy of Missions of the A.B.C.F.M. in the 19th Century I*（自費出版）、『禁教国日本の報道』（雄松堂出版）、『近代化する九州を生きたキリスト教』『キリスト教教育と私　前篇』『キリスト教教育と私　中篇』『キリスト教教育と私　後篇』（教文館）、『継承されるキリスト教教育 —西南学院創立百周年に寄せて—』（九州大学出版会）、『祈りは人を育てる—西南学院につながる私たち—』、『宝が隠されている—キリスト教学校に学ぶ・教える—』（花書院）等。

うれしいやないか シオノ!!

—心の世界を描く—

2018年12月25日　初版発行

著　者　塩　野　和　夫

発行所　㈲ 花 書 院
〒810-0012 福岡市中央区白金2-9-2
電話　092-526-0287
印刷・製本／㈱キャンパスサポート西南

ISBN978-4-86561-150-2